Н.М. Румянцева, С.
А.Г. Жиндаева, И

ГОТОВИМСЯ К ТЕСТУ ПО РУССКОМУ ЯЗЫКУ

Первый сертификационный уровень. Общее владение

Допущено УМО по направлениям педагогического образования Минобрнауки РФ в качестве учебного пособия для студентов высших учебных заведений

Санкт-Петербург

«Златоуст»

2013

УДК 811.161.1

Румянцева, Н.М., Костина, С.Г., Жиндаева, А.Г., Гусева, И.С.
Готовимся к тесту по русскому языку. Первый сертификационный уровень. Общее владение. — СПб. : Златоуст, 2013. — 240 с.

Roumyantseva, N.M., Kostina, S.G., Ghindajeva, A.G., Gouseva, I.S.
Let's review for a Russian language test. Level B1. Common language. — St. Petersburg : Zlatoust, 2013. — 240 p.

Гл. редактор: *А.В. Голубева*
Редактор: *О.С. Капполь*
Корректор: *И.В. Евстратова*
Оригинал-макет: *Л.О. Пащук*

ISBN 978-5-86547-743-3

Подготовка оригинал-макета: издательство «Златоуст».
Подписано в печать 03.07.13. Формат 60х90/16. Печ.л. 15. Печать офсетная. Тираж 1000 экз.
Заказ № 1307050.
Код продукции: ОК 005-93-953005.

Санитарно-эпидемиологическое заключение на продукцию издательства Государственной СЭС РФ
№ 78.01.07.953.П.011312.06.10 от 30.06.2010 г.

Издательство «Златоуст»: 197101, Санкт-Петербург, Каменноостровский пр., д. 24, оф. 24.
Тел.: (+7-812) 346-06-68, факс: (+7-812) 703-11-79, e-mail: sales@zlat.spb.ru, http://www.zlat.spb.ru

Отпечатано в типографии ООО «Лесник-Принт».
192007, Санкт-Петербург, Лиговский пр., д. 201, лит. А, пом. 3Н. Тел.: (+7-812) 380-93-18.

Содержание

Предисловие
для преподавателя

Книга «Готовимся к тесту по русскому языку. Первый сертификационный уровень. Общее владение» адресована всем, кто, изучая русский язык, прошёл программу Первого сертификационного уровня и хочет подготовиться к тестированию, чтобы получить государственный Сертификат первого уровня. Эта книга будет также полезна всем тем, кто хочет самостоятельно проверить свой уровень владения русским языком.

Пособие поможет учащимся повторить лексику и грамматику, проверить, как они читают, слушают и понимают тексты, как пишут и говорят по-русски в различных ситуациях общения. В пособии предлагается познакомиться с тремя вариантами тестов Первого сертификационного уровня. Каждый вариант теста состоит из 5 частей, называющихся субтестом: субтест 1 «Лексика. Грамматика», субтест 2 «Чтение», субтест 3 «Аудирование», субтест 4 «Письмо», субтест 5 «Говорение». Каждый субтест содержит строго определённое количество заданий, которые соответствуют Типовому тесту первого уровня, выполняются за определённое время и оцениваются в баллах.

Впервые в тренировочных материалах учащимся предлагаются два варианта ответов к субтестам «Письмо», «Аудирование» и «Говорение», что предполагает их обучающую функцию. Авторы книги намеренно дают образцы (варианты ответов) бо́льшего объёма, чем в Типовом тесте, так как из большого диалога или монолога тестирующийся может сконструировать текст, меньший по объёму, и представит в качестве окончательного ответа при тестировании.

Авторы книги стремились помочь учащимся адаптироваться к системе тестового контроля по русскому языку, научить их правильно пользоваться тестовыми материалами в соответствии с инструкциями, сформировать и развить у обучающихся умение объективно оценивать свои знания.

В книге представлены аутентичные материалы, тексты из СМИ и частично из пособий, которые используются в учебном процессе при обучении иностранных учащихся русскому языку в Российском университете дружбы народов, в частности, два текста для аудирования к.п.н., ст. преп. кафедры русского языка № 3 ФРЯ и ОД РУДН С.Н. Голикова (стр. 200–201). Авторы будут благодарны всем, кто выскажет свои замечания и даст рекомендации по данному пособию (e-mail: editor@zlat.spb.ru).

Авторы

Вариант 1

Субтест 1
ЛЕКСИКА. ГРАММАТИКА

Инструкция к выполнению теста

Время выполнения теста — 60 минут. Тест включает 165 заданий.

При выполнении теста пользоваться словарём нельзя.

Вы получили тест и матрицу. Напишите ваше имя и фамилию, страну, дату тестирования на матрице.

В тесте слева даны предложения (1, 2 и т. д.), а справа — варианты ответов на выбор.

Выберите правильный вариант и отметьте соответствующую букву в матрице. Например:

А	(Б)	В	Г

(Б — правильный вариант).

Если вы ошиблись и хотите исправить ошибку, сделайте так:

А	Б	(⊗)	Г

(В — ошибка, Б — правильный вариант).

Отмечайте правильный выбор только в матрице, в тесте ничего не пишите (проверяется только матрица).

ЧАСТЬ I

Задания 1–21. **Выберите правильный вариант.**

1	Для своей невесты Антон купил красивый … .	(А) балет (Б) букет (В) билет (Г) буклет
2	Эти кроссовки ему … .	(А) младше (Б) меньше (В) малы (Г) маленькие

3	Сохранить мир на Земле — … .	(А) сложный пример (Б) сложная задача (В) сложная теорема (Г) сложная проблема
4	Отец часто смотрит новости … .	(А) по телевизору (Б) по телефону (В) по радио (Г) по газете
5	… будут каникулы.	(А) Скоро (Б) Быстро (В) Сразу (Г) Скорее
6	На уроке студенты внимательно слушали … преподавателя.	(А) обсуждение (Б) объявление (В) объяснение (Г) заявление
7	— Осторожно, двери закрываются, … станция метро — «Беляево».	(А) следующая (Б) новая (В) будущая (Г) наступающая
8	Моя бабушка всегда пьёт … чай.	(А) сильный (Б) крепкий (В) здоровый (Г) строгий
9	… корреспондент газеты «Новости» взял интервью у нового президента.	(А) Особенный (Б) Специальный (В) Особый (Г) Главный
10	На ежегодный конкурс песни приехали певцы из … городов России.	(А) разнообразных (Б) различных (В) разных (Г) многочисленных
11	— … человек, пожалуйста, помогите мне перейти через дорогу, — попросил старик.	(А) Юный (Б) Молодой (В) Младший (Г) Добрый

12	В магазине … мать купила сыну сапоги.	(А) «Одежда» (Б) «Обувь» (В) «Книги» (Г) «Игрушки»
13	Что ты будешь делать … работы?	(А) после (Б) перед (В) на (Г) с
14	Чтобы успеть в аэропорт, мы … такси.	(А) оставили (Б) остановили (В) остановились (Г) остались
15	— Маргарита, ты … , как позвонить в редакцию журнала «Русский мир»?	(А) можешь (Б) знаешь (В) умеешь (Г) хочешь
16	Мы с подругой … пойти в театр завтра.	(А) договорились (Б) сказали (В) говорили (Г) говорим
17	Артисты из Южной Америки с удовольствием … о своей поездке в Россию.	(А) помнят (Б) напоминают (В) вспоминают (Г) запоминают
18	В ресторане мы … меню у официанта.	(А) спросили (Б) задали вопрос (В) попросили (Г) сказали
19	— Как … спектакль, на который ты меня пригласил?	(А) называют (Б) называется (В) зовут (Г) зовётся
20	— Виталий, … , пожалуйста, розы в вазу.	(А) повесь (Б) поставь (В) положи (Г) клади

21	Мои сёстры уже давно … .	(А) женились (Б) женаты (В) замужем (Г) поженились

Задания 22–25. Выберите все возможные варианты ответа.

22	… летит быстро.	(А) Время (Б) Самолёт (В) Интернет (Г) Экзамен
23	Как сказать «здравствуйте» … ?	(А) на английский язык (Б) по-английски (В) на английском языке (Г) английский
24	Учёные изучают … книги, чтобы узнать, как люди жили раньше.	(А) старинные (Б) старшие (В) древние (Г) старые
25	— Желаю вам … ночи!	(А) доброй (Б) тихой (В) спокойной (Г) хорошей

ЧАСТЬ II

Задание 26–77. Выберите правильную форму.

26	Посмотрите, какой … красивый букет цветов!	(А) на неё (Б) у неё (В) на ней (Г) с ней
27	Я встретился … в библиотеке.	(А) у нашего преподавателя (Б) нашего преподавателя (В) наш преподаватель (Г) с нашим преподавателем

28	— Скажите, пожалуйста, … можно доехать до метро?	(А) этот трамвай (Б) у этого трамвая (В) с этим трамваем (Г) на этом трамвае
29	— Простите, это кабинет …?	(А) у Алексея Ивановича (Б) Алексею Ивановичу (В) Алексея Ивановича (Г) с Алексеем Ивановичем
30	В коридоре мы встретили ….	(А) высокого юноши (Б) высокого юношу (В) высокому юноше (Г) высокий юноша
31	— А вы ходили …?	(А) в новый планетарий (Б) к новому планетарию (В) о новом планетарии (Г) у нового планетария
32	— Сандра, ты уже получила …?	(А) своего багажа (Б) свой багаж (В) своим багажом (Г) своему багажу
33	Мой друг часто посещает ….	(А) Московскую консерваторию (Б) в Московской консерватории (В) Московская консерватория (Г) в Московскую консерваторию
34	Научная конференция проходила ….	(А) в студенческую библиотеку (Б) к студенческой библиотеке (В) у студенческой библиотеки (Г) в студенческой библиотеке
35	Перед полётом в космос космонавты всегда приходят … в Москве.	(А) на Красной площади (Б) на Красную площадь (В) у Красной площади (Г) по Красной площади
36	Дети гордятся ….	(А) своей матерью (Б) свою мать (В) своей матери (Г) о своей матери

37	Визу в Россию можно получить … .	(А) в российское посольство или в консульство (Б) российское посольство или консульство (В) в российском посольстве или в консульстве (Г) у российского посольства или у консульства
38	… мой сын занимается рисованием.	(А) Свободное время (Б) О свободном времени (В) В свободное время (Г) Свободного времени
39	Инна всегда … ходит в Дом музыки.	(А) с большим удовольствием (Б) большое удовольствие (В) от большого удовольствия (Г) к большому удовольствию
40	В отпуск мы обычно едем отдыхать … .	(А) на Чёрном море (Б) по Чёрному морю (В) у Чёрного моря (Г) на Чёрное море
41	… всегда приятно получать поздравления с праздником.	(А) Для пожилых людей (Б) Пожилым людям (В) С пожилыми людьми (Г) Пожилых людей
42	Летом в жаркую погоду … увозят из больших городов.	(А) маленькие дети (Б) маленьким детям (В) маленьких детей (Г) маленькими детьми
43	Выпускники прошлых лет пришли на ежегодную встречу … .	(А) у школьных учителях (Б) для школьных учителей (В) о школьных учителях (Г) со школьными учителями
44	Недавно в Лондоне открылась выставка … России.	(А) известные художники (Б) известных художников (В) у известных художников (Г) с известными художниками

45	В поездку по русским городам я отправился … .	(А) с моими друзьями (Б) о моих друзьях (В) мои друзья (Г) у моих друзей
46	На нашем заводе есть много … .	(А) опытных рабочих (Б) опытным рабочим (В) опытные рабочие (Г) опытными рабочими
47	Во время экскурсии мы посетили … .	(А) в нескольких музеях (Б) несколько музеев (В) нескольких музеев (Г) в несколькие музеи
48	Все дети любят рисовать … .	(А) с цветными карандашами (Б) цветные карандаши (В) из цветных карандашей (Г) цветными карандашами
49	В энциклопедии рассказывается … Отечественной войны 1812 года в России.	(А) со всеми героями (Б) о всех героях (В) ко всем героям (Г) у всех героев
50	На занятиях по музыкальной фонетике студенты часто поют … .	(А) о русских народных песнях (Б) русские народные песни (В) в русских народных песнях (Г) русских народных песен
51	В спортивном клубе состоялась пресс-конференция с участием … .	(А) олимпийские чемпионки (Б) олимпийских чемпионок (В) к олимпийским чемпионкам (Г) об олимпийских чемпионках
52	Зимой в Москве холодно, поэтому людям надо покупать много … .	(А) тёплых вещей (Б) в тёплых вещах (В) тёплые вещи (Г) с тёплыми вещами
53	У Ахмеда пять … .	(А) старшими сёстрами (Б) старшим сёстрам (В) старшие сёстры (Г) старших сестёр

54	Известные композиторы часто пишут музыку … .	(А) на музыкальные кинокомедии (Б) о музыкальных кинокомедиях (В) в музыкальные кинокомедии (Г) для музыкальных кинокомедий
55	На сцене выступали девушки … .	(А) с красивыми платьями (Б) в красивые платья (В) в красивых платьях (Г) из красивых платьев
56	Мой брат любит читать книги … .	(А) дальние путешествия (Б) о дальних путешествиях (В) в дальние путешествия (Г) дальних путешествий
57	— Илья, сколько … ты можешь выучить за день?	(А) английские слова (Б) английских словах (В) английским словам (Г) английских слов
58	Он угостил нас … .	(А) с вкусными пирожными (Б) вкусные пирожные (В) вкусными пирожными (Г) про вкусные пирожные
59	— Ты знаешь, … сегодня день недели?	(А) какой-то (Б) который (В) какой (Г) какой-нибудь
60	Денис сфотографировался … девушками.	(А) две (Б) к двум (В) с двумя (Г) двумя
61	Моя сестра … меня на несколько лет.	(А) молодая (Б) моложе (В) самая молодая (Г) молодо
62	… уже произошло много важных событий.	(А) XXI-ого века (Б) В XXI-ый век (В) В XXI-ом веке (Г) XXI-ый век

63	… в нашем городе пройдёт молодёжный фестиваль.	(А) На следующую неделю (Б) О следующей неделе (В) На следующей неделе (Г) За следующую неделю
64	Джон прожил в России пять … .	(А) годы (Б) лет (В) год (Г) года
65	— Коля, ты не забыл, что … у Жанны день рождения?	(А) первого января (Б) к первому января (В) на первое января (Г) о первом январе
66	— Настя, подожди меня, пожалуйста. Я приду … .	(А) пять минут назад (Б) в пять минут (В) через пять минут (Г) до пяти минут
67	Обычно программист составляет такую программу … .	(А) к часу (Б) за час (В) в час (Г) на час
68	В общежитии студенты часто ходят в гости … .	(А) друг другу (Б) друг с другом (В) друг к другу (Г) друг друга
69	… студенты ходят на стадион болеть за свою любимую команду.	(А) Каждая суббота (Б) Каждую субботу (В) Каждой субботы (Г) Каждой субботе
70	— Нина, ты не знаешь, … Дима должен встретить на вокзале.	(А) кто (Б) кого (В) с кем (Г) кому
71	— Наташа, уже известно новое расписание на следующий месяц. Теперь мы будем плавать в бассейне только … .	(А) до понедельника (Б) по понедельникам (В) на понедельник (Г) к понедельнику

72	— Когда твой отец купил новую машину? — Он купил новую машину … .	(А) 2012-го года (Б) в 2012-ом году (В) 2012-ый год (Г) с 2012-го года
73	Футбольный матч пройдёт … .	(А) за август (Б) на август (В) в августе (Г) к августу
74	— Дина, сколько … вы переводили этот текст?	(А) дня (Б) дней (В) день (Г) дни
75	Раймонд подготовился к тесту по русскому языку … .	(А) за одну неделю (Б) одну неделю (В) на одну неделю (Г) одна неделя
76	Прошло несколько … .	(А) месяцы (Б) месяцев (В) месяцам (Г) месяца
77	Бизнесмен хочет приехать в Россию … .	(А) за год (Б) год назад (В) на год (Г) в год

ЧАСТЬ III

Задания 78–127. Выберите правильную форму.

78	Дети любят, когда им … новые игрушки.	(А) будут дарить (Б) дарят (В) дарили (Г) подарят
79	— Тише! Здесь нельзя громко … .	(А) разговаривать (Б) разговаривает (В) разговаривают (Г) разговариваешь

80	— Мама, я хочу … тебя с моими новыми друзьями.	(А) познакомлю (Б) познакомил (В) познакомить (Г) знакомить
81	— Оля, об этом ты должна всем … .	(А) рассказать (Б) расскажет (В) расскажи (Г) рассказывать
82	В этом году мы решили … по Сибири.	(А) путешествовать (Б) путешествовали (В) путешествуйте (Г) путешествуем
83	В прошлом году я вместе с братом … на заводе.	(А) работаю (Б) работаем (В) работал (Г) работали
84	— Давайте … в этом кафе.	(А) пообедать (Б) пообедаем (В) пообедайте (Г) обедаем
85	— Вадим, пожалуйста, … мне почитать новый детектив.	(А) дай (Б) давай (В) давайте (Г) дать
86	Павел рано … спать, потому что в шесть часов утра он должен ехать в аэропорт.	(А) ложился (Б) лёг
87	На школьном стадионе ребята весь вечер … в футбол.	(А) играли (Б) сыграли
88	Евгений открыл альбом и … нам фотографии.	(А) показывал (Б) показал
89	Учебный год в России … в сентябре.	(А) начинает (Б) начинается
90	— Владислав, как ты думаешь, кто из твоих друзей … архитектурой?	(А) интересует (Б) интересуется

91	Перед экзаменом она всегда … .	(А) волнует (Б) волнуется
92	На вечере известная русская песня «Катюша» … иностранными студентами.	(А) исполняла (Б) исполняли (В) исполнялась (Г) исполнялись
93	Через год Джон будет хорошо понимать людей, … по-русски.	(А) говоривших (Б) говорят (В) говорящих (Г) сказавших
94	Молодой писатель, … в журнале свой первый рассказ, встретился с читателями в библиотеке.	(А) напечатанный (Б) напечатавший (В) напечатал (Г) печатный
95	Обувь, … на нашей фабрике, очень популярна среди молодежи.	(А) изготовляемая (Б) изготовленная (В) изготовлена (Г) изготовленные
96	Книга известного русского писателя, … на многие языки мира, продаётся в книжном магазине.	(А) переведена (Б) переведённая (В) перевёл (Г) перевели
97	Рядом с моим домом … новый универмаг.	(А) открытый (Б) открыт (В) открываемый (Г) открывшийся
98	В прошлом году зимой часто … снег.	(А) шёл (Б) ходил
99	— Саша, куда ты … вчера вечером?	
100	Журналист … на встречу с известным учёным и по пути обдумывал вопросы для интервью.	
101	Навстречу нам на большой скорости … машина.	(А) ехала (Б) ездила

102	Лариса ... в автобусе и все время смотрела в окно.	(А) ехала (Б) ездила
103	— Света, куда ты ... отдыхать этим летом?	
104	В этот раз Кирилл ... в Рим из московского аэропорта Внуково.	(А) летал (Б) летел
105	Высоко в небе ... самолёт.	
106	Этот космонавт несколько раз ... в космос.	
107	Спортсменка быстро ... к финишу, потому что очень хотела победить.	(А) бегала (Б) бежала
108	Чтобы быть сильным и здоровым, она каждое утро ... по стадиону.	
109	Аня быстро ... к автобусной остановке, чтобы успеть на автобус.	
110	Собаки хорошо	(А) плавают (Б) плывут
111	По небу ... облака.	
112	Каждое лето туристы ... по Волге на теплоходе.	
113	— Петя, кому ты ... эти розы? — Сестре, у неё день рождения.	(А) носишь (Б) несёшь
114	— Альбина, почему ты не ... очки, если плохо видишь? — Я не люблю очки.	
115	— Ты всегда ... все документы с собой? — Нет, только паспорт.	
116	Во время дежурства в больнице врач обязательно ... всех больных.	(А) заходит (Б) уходит (В) обходит (Г) сходит
117	— Скорее остановите Александра! Он уже	
118	Майя всегда ... за мной, когда идёт в университет.	

119	Вчера они … старые вещи на дачу.	(А) подвезли
120	Друзья быстро … меня до дома.	(Б) довезли
121	Кира попросила, чтобы её на такси … прямо к станции метро.	(В) отвезли (Г) провезли
122	Мать … ребёнка в детский сад к девяти часам.	(А) приводит (Б) уводит (В) переводит
123	Экскурсовод … туристов к историческому памятнику.	(Г) подводит
124	Внук … бабушку через дорогу.	
125	Сегодня для участия в конференции … учёные из разных стран.	(А) залетают (Б) пролетают
126	— Посмотри! Над нами … разноцветные воздушные шары.	(В) прилетают (Г) вылетают
127	Весной, когда окно открыто, иногда к нам в комнату … птицы.	

Задания 128–129. Выберите синонимичную форму.

128	Рассматривая фотографии, Алла вспоминала свою юность.	(А) Алла вспомнила свою юность, потом рассмотрела фотографии. (Б) Алла рассмотрела фотографии, потом вспомнила свою юность. (В) Когда Алла рассматривала фотографии, она вспоминала свою юность.
129	Получив письмо от сына, мать сразу начала его читать.	(А) Мать тогда начнёт читать письмо, когда его получит. (Б) Мать сразу начала читать письмо от сына, когда получила его. (В) Мать не прочитала письмо сына, потому что не получила его.

ЧАСТЬ IV

Задания 130–165. **Выберите правильный вариант**

130	Михаил позвонил девушке, с которой … .	(А) идёт новый фильм
		(Б) подарил цветы
131	Кинотеатр, в котором … , находится в центре Москвы.	(В) написали статью в газете
132	Кандидат в президенты, о котором … , выступит сегодня по телевидению.	(Г) познакомился в клубе
133	Каждый год Валентина встречается с одноклассниками, вместе … училась в школе.	(А) которого
		(Б) с которыми
		(В) в котором
134	Актёр рассказал зрителям о фильме, … он играл главную роль.	(Г) которая
135	Юноша, … вы видели, живёт в моём доме.	
136	… плохую погоду, студенты поехали на экскурсию.	(А) Несмотря на
		(Б) Но
137	… проблемы экологии очень актуальны, им уделяется мало внимания.	(В) Хотя
		(Г) То
138	Спортсмен устал, … продолжал бежать к финишу.	
139	Руслан не ложился спать, … написал сочинение.	(А) пока
		(Б) пока не
140	Все были дома, … шёл сильный дождь.	
141	— Ася, … выздоровеешь, не ходи на работу.	
142	Депутаты парламента собрались … обсуждения нового закона.	(А) для
		(Б) за
143	Студент забыл учебник и вернулся … ним в общежитие.	
144	— Игорь, … визой в Испанию тебе нужно поехать в визовый центр.	

145	Люди из разных стран могут легко общаться … Интернету.	(А) из-за (Б) от (В) благодаря (Г) потому что
146	Она ничего не могла сказать … волнения.	
147	Люди стали чаще болеть … плохой экологии.	
148	… полететь в космос, космонавты долго и серьёзно готовятся к полёту.	(А) Пока (Б) Перед тем как (В) После того как (Г) По мере
149	… продолжался эксперимент, учёные вели наблюдения.	
150	… мой брат окончил школу, он поступил в университет.	
151	— Ника, не забудь взять телефон, … ты будешь уходить.	(А) куда (Б) когда (В) как (Г) где
152	— Артем, ты случайно не видел, … я мог положить ключи от машины?	
153	— Извините, вы не знаете, … здесь поликлиника?	
154	Раньше их сын хотел … .	(А) занимается математикой (Б) чтобы их сын занимался математикой (В) заниматься математикой (Г) будет ли их сын заниматься математикой
155	— Как ты думаешь, … ?	
156	Родители хотели, … .	
157	Он обязательно позвонит тебе, когда … домой.	(А) возвращается (Б) вернулся (В) вернётся (Г) возвращаться
158	… мальчик сам не научится читать, книги ему будет читать мама.	(А) С тех пор как (Б) Перед тем как (В) До тех пор пока (Г) После того как

159	Татьяна не знала, … она билет в Большой театр.	(А) если купит (Б) купит ли
160	… у тебя был с собой компьютер, ты бы мог получить эту информацию по Интернету.	(А) Если (Б) Если бы
161	… ты использовал эту компьютерную программу, ты бы уже хорошо знал грамматику.	
162	… у тебя есть ноутбук, поставь новую программу.	
163	Несмотря на то что автомобиль — главный загрязнитель воздуха, … .	(А) люди ездили бы на велосипедах, а не на машинах (Б) люди никогда не откажутся от личной машины (В) люди ездили на трамваях. (Г) люди пользуются аэроэкспрессами
164	Если бы в нашем городе были хорошие велосипедные дороги, … .	
165	Если нужно ехать в аэропорт, а на дорогах пробки, … .	

Субтест 2
ЧТЕНИЕ

Инструкция к выполнению теста

Время выполнения теста — 50 минут.

При выполнении теста можно пользоваться словарём.

Тест состоит из 3 текстов, 20 тестовых заданий и матрицы.

Напишите ваше имя и фамилию, страну, дату тестирования на матрице.

Выберите правильный вариант и отметьте соответствующую букву в матрице. Например:

 (Б — правильный вариант).

Если вы ошиблись и хотите исправить ошибку, сделайте так:

 (В — ошибка, Б — правильный вариант).

Отмечайте правильный выбор только в матрице, в тесте ничего не пишите (проверяется только матрица).

Задания 1–8. Прочитайте текст 1 — фрагмент из книги «Самые известные российские праздники». Выполните задания после него.

ТЕКСТ 1

ТАТЬЯНИН ДЕНЬ

Каждый год 25 января жители России отмечают два праздника.

«Как? — удивитесь вы, — ведь в этот день все люди работают».

Да, конечно, вы правы: это рабочий день, но настроение у всех праздничное.

Почему? Какие же это праздники?

В этот день празднуют именины все женщины, которых зовут Татьяна. Этот праздник называется Татьянин день, потому что у православных христиан 25 января — день святой Татианы. В этот день всех именинниц: девочек, девушек и женщин, которых зовут Татьяна, — обязательно поздравляют с днём ангела, дарят им цветы и маленькие подарки, а вечером в семье, где есть Татьяна, обычно собирают гостей, готовят вкусную еду, пьют вино и празднуют именины.

А ещё 25 января — праздник студентов. Почему? Потому что 25 января 1755 года русская императрица Елизавета Петровна (дочь царя Петра I) подписала указ (закон) об учреждении (открытии) в Москве первого русского университета. Поэтому 25 января считается днём рождения Московского государственного университета (МГУ), а святая Татиана — его покровительницей.

— Каким был первый русский университет, где он находился, кто был его основателем?

Основателем первого русского университета был Михаил Васильевич Ломоносов, известный русский учёный, поэт, писатель. В XVIII веке университет находился в Москве, на Красной площади, там, где сейчас стоит здание Исторического музея.

Первый русский университет был создан по проекту великого русского учёного Ломоносова, и он очень отличался от европейских университетов. «Чем?» — спросите вы.

Во-первых, в университете не было богословского (теологического) факультета, как в других университетах, а было только три факультета: философский, медицинский и юридический. Все студенты, которые поступали в университет, первые два года должны были учиться на философском факультете, изучать общие предметы: философию, математику, физику, географию, механику, филологию.

После философского факультета студенты могли выбрать или медицинский факультет (там серьёзно изучали биологию и химию), или юридический.

Вторая особенность русского университета была в том, что там преподавали на двух языках: русском и латинском. Во многих университетах Европы преподавали только на латинском языке.

И ещё один интересный факт. М.В. Ломоносов считал, что в университете должны учиться способные и талантливые люди, а их социальное положение не имеет значения. Крестьяне они или дворяне, бедные или богатые — это неважно.

М.В. Ломоносов хотел открыть университет именно в Москве, а не в Санкт-Петербурге. Он считал, что нужно, чтобы университет находился подальше от царского двора и от влияния Академии наук, которая в то время была очень консервативной и в которой было много учёных-иностранцев.

Вот таким был первый русский университет, названный в честь его основателя Михаила Васильевича Ломоносова.

А теперь поговорим о студенческом празднике, который проходит 25 января. Раньше, в XIX веке, в этот день утром в университете проходила торжественная церемония, на которую приезжали высшие власти Москвы. После официальной части студенты выходили на улицу, пели студенческий гимн «Gaudeamus Igitur», шли к Тверскому бульвару, где находился ресторан «Эрмитаж». Хозяин ресторана (в 70-ые годы XIX века хозяином был француз Оливье, автор популярного с тех пор в Москве и в России салата, который так и называется — «оливье») отдавал свой ресторан на весь день студентам для празднования. Он убирал из зала дорогую мебель, ставил простые деревянные столы и стулья. 25 января в ресторане готовили только холодные блюда, а в буфете были водка, пиво и дешёвое вино. В этот день вместе со студентами веселились и их любимые преподаватели и профессора. Студенты приглашали также на свой праздник известных и уважаемых писателей, музыкантов, художников, адвокатов. На московских улицах было шумно и весело. Студенты пели и танцевали, а полиция не имела права их наказывать.

Так было раньше, но и сейчас некоторые традиции сохранились. До сих пор в этот день официальная церемония празднования проходит в главном здании Московского государственного университета имени М.В. Ломоносова (МГУ) на Воробьёвых горах, на которую приезжает мэр Москвы. В этот день, как и раньше, на Моховой улице в центре Москвы проходит служба в церкви Святой Татианы, расположенной в старом университетском здании. Вечером для студенческой молодёжи на концертах выступают самые известные артисты. Всю ночь студенты танцуют на дискотеках, пьют шампанское, поют песни. Так же как и раньше, на улицах много полиции, но она не наказывает студентов.

Выберите вариант, который наиболее полно и точно отражает содержание текста.

1. 25 января люди поздравляют именинниц с днём ангела. Они дарят цветы и подарки … .

    (А) всем девочкам, девушкам и женщинам

    (Б) только тем девочкам, девушкам и женщинам, которых зовут Татьяна

    (В) только покровительнице Московского университета, святой Татиане

2. 25 января 1755 года русская императрица Елизавета Петровна подписала указ об открытии в Москве … .

(А) первого русского университета

(Б) Исторического музея

(В) ресторана « Эрмитаж»

3. Основателем Московского университета был … .

(А) царь Пётр Первый

(Б) француз Оливье

(В) М.В. Ломоносов

4. Первый русский университет отличался от европейских университетов тем, что в нём не было … .

(А) юридического факультета

(Б) богословского факультета

(В) медицинского факультета

5. Все поступившие в университет студенты первые два года должны были учиться на … .

(А) любом факультете

(Б) медицинском факультете

(В) философском факультете

6. Все предметы в первом русском университете преподавали … .

(А) на двух языках: на русском и на латинском

(Б) только на латинском языке, как в европейских университетах

(В) на русском языке, потому что это был родной язык студентов

7. М.В. Ломоносов считал, что в университете должны учиться … .

(А) бедные и богатые дворяне

(Б) способные и талантливые люди

(В) только крестьянские дети

8. В XVIII веке Московский университет находился в Москве … .

(А) на Моховой улице

(Б) на Красной площади

(В) на Воробьёвых горах

***Задания 9–14.* Прочитайте текст 2 — фрагмент из книги «Современные спортивные игры». Выполните задания после него.**

ТЕКСТ 2

Во время спортивных соревнований зрители всегда поддерживают спортсменов. Так, ещё во времена Олимпийских игр в Древней Греции зрители активно поддерживали бегунов. В 60-е годы XIX века это стало модным в студенческой среде, особенно среди молодёжи Великобритании, а позднее и в Соединённых Штатах Америки. Там в 1865 году в Принстонском университете был организован первый клуб групп поддержки спортсменов. Но годом рождения черлидинга считается 1898 год. Тогда во время футбольного матча шесть студентов американского университета стояли лицом к зрителям и во время игры кричали специальные кричалки, в которых приглашали всех зрителей активно поддерживать игроков своих любимых команд. Один из профессоров этого университета позднее сказал, что крики нескольких сотен студентов в поддержку своей любимой команды создают положительную энергию и это помогает команде одержать победу, выиграть соревнование. Однако необходимо было руководить такой группой молодёжи и создавать разнообразные кричалки. Так в Соединённых Штатах Америки появился новый вид спорта — черлидинг.

Слово «черлидинг» произошло от английского слова cheerleading: cheer — одобрительное, призывное восклицание и lead — вести, управлять. Черлидинг — это поддержка спортивных команд во время соревнований группой специально подготовленных людей. Чаще всего этим видом спорта занимаются девушки. Во время игры они должны не только кричать, но и прыгать, танцевать, делать различные гимнастические и акробатические упражнения. Черлидинг в основном распространён в таких игровых видах спорта, как американский футбол, баскетбол, хоккей, лёгкая атлетика и плавание. Черлидеры выступают как во время соревнований, так и в перерывах между периодами игр.

Первым черлидером стал студент первого курса медицинского факультета Джон Кэмпбелл, который во время матча неожиданно подпрыгнул перед болельщиками. После этого черлидеры стали поддерживать свои команды не только словами, но и движениями.

В настоящее время черлидинг приобретает всё бо́льшую популярность и организованность, появляются определённые традиции. Черлидеры не только принимают участие в соревнованиях, встречают и провожают своих любимых спортсменов, но и участвуют в различных спортивных шоу, например в церемонии открытия Олимпийских игр. Черлидеры часто используют барабаны, которые помогают создать необходимый шумовой эффект, а также ленты и специальные бумажные или пластиковые украшения, которые девушки надевают на руки. Сложнее и разнообразнее становится спортивная техника черлидинга, группы поддержки показывают зрителям большие программы с гимнастическими и акробатическими элементами.

Черлидинг становится очень престижным занятием. Некоторые коллективы и отдельные черлидеры популярны так же, как звёзды большого спорта. Получить место в команде черлидеров с каждым годом становится всё труднее. Во многих университетах выплачиваются специальные черлидерские стипендии.

Интересно, что ещё до Великой Отечественной войны (1941–1945 гг.) в Советском Союзе (СССР) существовали группы спортсменов, которые показывали акробатические номера и маршировали с кричалками на спортивных парадах и в театрализованных представлениях.

Первые черлидерские группы в России появились в конце 1990-х годов. В 2008 году черлидинг стал официальным видом спорта и в России, а через год была зарегистрирована Федерация черлидинга России. Наши спортсмены-черлидеры довольно быстро заняли лидирующие позиции в мире. В 2011 году сборная команда России по черлидингу стала чемпионом мира.

Сейчас этим видом спорта занимаются во многих школах России. Ребята с удовольствием ходят на тренировки, потому что черлидинг даёт им возможность заниматься не только спортом, но и танцами и помогает им всесторонне развиваться.

Сегодня черлидинг — это направление спортивной и развлекательной индустрии, которая развивается очень быстро. Черлидинг стал самостоятельным международным видом спорта в таких странах, как Япония, Великобритания, Австралия, Канада и Мексика.

Выберите вариант, который наиболее полно и точно отражает содержание текста.

9. Содержанию текста более всего соответствует название … .
(А) «Олимпийские игры в Древней Греции»
(Б) «Черлидинг — новый вид спорта и развлекательной индустрии»
(В) «Звёзды большого спорта»

10. Черлидинг впервые появился … .
(А) в Великобритании
(Б) в России
(В) в Соединённых Штатах Америки

11. Черлидеры выступают … .
(А) только во время соревнований
(Б) только во время перерыва между соревнованиями
(В) как во время соревнований, так и во время перерывов

12. Черлидеры встречают и провожают своих любимых … .
(А) девушек
(Б) зрителей
(В) спортсменов

13. Многие российские ребята с удовольствием занимаются черлидингом, потому что … .
(А) они становятся звёздами большого спорта
(Б) они хотят играть на барабанах
(В) они всесторонне развиваются

14. Чемпионом мира по черлидингу в 2011 году стала … .
(А) сборная команда России
(Б) сборная команда Австралии
(В) сборная команда Канады

Задания 15–20. Прочитайте текст 3 — фрагмент из биографии великой русской поэтессы М. Цветаевой. Выполните задания после него.

ТЕКСТ 3

Через несколько десятилетий после гибели в 1941 году талантливой русской поэтессы Марины Цветаевой наш современник, поэт Евгений Евтушенко, определил её роль в русской поэзии: «Марина Ивановна Цветаева — выдающийся профессионал». Но так сказал поэт, знающий, уважающий, ценящий законы поэзии, а мы, читатели, говорим совсем другие слова: «Марина Ивановна Цветаева — гордость русской поэзии, уникальный поэт, открывший удивительный мир человеческой души, живущей в ожидании любви».

Она родилась в 1892 году в Москве, в семье ученого-филолога Ивана Владимировича Цветаева, профессора Московского университета, который основал Музей изобразительных искусств имени Пушкина в Москве. Её мать Мария Александровна Мейн была талантливым музыкантом.

У Марины и её сестры Аси было счастливое детство, которое закончилось, когда заболела их мать.

Врачи рекомендовали больной жить и лечиться в мягком и тёплом климате за границей, поэтому у семьи Цветаевых началась беспокойная жизнь. Они жили в Италии, Швейцарии, Германии, где девочки учились в разных частных школах-пансионах. 1905 год они провели в Крыму, в Ялте, а летом 1906 года мать умерла в их доме в Тарусе под Москвой. В 14 лет Марина осталась без матери и очень страдала.

Осенью 1906 года она начала учиться в интернате при Московской частной гимназии. В России в то время были популярны демократические и революционные идеи. И конечно же, она увлеклась революционной романтикой. Героями её стихов стали Наполеон, русские генералы Отечественной войны 1812 года, герои романтических произведений европейской литературы.

В семнадцатилетнем возрасте Цветаева пишет, обращаясь к Богу: «Ты дал мне детство лучше сказки. // И дай мне смерть в семнадцать лет!» Тема одиночества и смерти постоянно звучит в её ранних стихах, но не в первых, которые она начала писать с пяти-шести лет, в годы своего счастливого детства.

По стихам Марины Цветаевой можно понять её чувства и настроения в тот или иной период жизни, её интересы и увлечения.

С раннего детства Марина прекрасно знала немецкий и французский языки и писала стихи на русском, французском и немецком языках. Она читала очень много: книги по истории, искусству и научные статьи по истории и филологии.

Первая книга стихов М. Цветаевой «Вечерний альбом» вышла в 1910 году. Её стихи понравились таким известным русским поэтам, как В. Брюсов и М. Волошин. Особенно высоко оценил их поэт Марк Волошин, с которым Марина подружилась несмотря на большую разницу в возрасте. Они дружили всю жизнь.

В 1911 году молодая поэтесса ушла из гимназии и поехала в Крым, в городок Коктебель, где жил поэт Марк Волошин. Его дом всегда был открыт для писателей, поэтов, художников и музыкантов.

Там она познакомилась со своим будущим мужем Сергеем Эфроном. Его родители, которые были революционерами, умерли, и Сергей вырос сиротой. Он был романтичным и доверчивым человеком. Таким он остался до конца жизни. У них начался роман, и в 1912 году Марина Цветаева вышла за Сергея Эфрона замуж. Первые несколько лет замужества были для неё счастливыми: молодые люди очень любили друг друга, у них были общие интересы и увлечения. В эти годы у них родились две дочери — Ариадна и Ирина. В то время Марина написала много стихотворений о любви и счастье, которые успешно издавались. К 1916 году Цветаева была уже известным поэтом.

Шла Первая мировая война. Сергей Эфрон ушёл на фронт, и молодая женщина осталась одна с дочерьми. В этот период, особенно после революции 1917 года, семья жила очень бедно: они голодали, девочки часто болели, и вскоре её младшая дочь умерла.

В 1922 году М. Цветаева уехала жить за границу, где в это время жил и учился в университете Сергей Эфрон, её муж. Начался самый трудный период жизни поэта. Несколько лет семья жила в Германии, Чехии и во Франции. В эмиграции Марина Цветаева очень скучала по родине, много писала о России и не могла решить самый важный для неё вопрос: возвращаться ли ей на родину или нет?

И всё же 12 июня 1939 года она приехала из Франции, где жила последние несколько лет, в Москву, где у неё началась очень трудная и одинокая жизнь. Это было время политических репрессий в СССР. В августе 1939 года арестовали дочь поэта, а в октябре того же года — и мужа. Стихи М. Цветаевой перестали печатать, поэтому ей пришлось зарабатывать деньги на жизнь только переводами.

В 1941 году, в первые месяцы Великой Отечественной войны, М. Цветаева выехала вместе с другими поэтами и писателями из Москвы на Урал. И там она, великий поэт, работала посудомойкой в писательской столовой, чтобы не умереть от голода.

Марина Цветаева не смогла больше жить в одиночестве и нищете, и 31 августа 1941 года она покончила с собой. Так трагически закончилась жизнь великого русского поэта Марины Цветаевой.

Выберите вариант, который наиболее полно и точно отражает содержание текста.

15. Содержанию текста более всего соответствует название … .
(А) «Марина Цветаева — поэт и революционный романтик»
(Б) «Жизненный путь поэта Марины Цветаевой»
(В) «Эмиграция поэта Марины Цветаевой»

16. Первая книга стихов М. Цветаевой вышла в … .
(А) 1910 году
(Б) 1906 году
(В) 1916 году

17. Одна из главных тем ранних стихов М. Цветаевой — тема … .
(А) революционной романтики
(Б) одиночества и смерти
(В) любви и счастья

18. М. Цветаева познакомилась со своим будущем мужем … .
(А) в России, в Крыму
(Б) во Франции
(В) в Германии

19. М. Цветаева вернулась из эмиграции на родину, потому что … .
(А) её дочери были в России
(Б) её дочь и мужа арестовали
(В) она очень скучала по России

20. Самый трудный период в жизни М. Цветаевой продолжался с … .
(А) 1912 по 1922 год
(Б) 1905 по 1911 год
(В) 1922 по 1941 год

Субтест 3
АУДИРОВАНИЕ

Инструкция к выполнению теста

Время выполнения теста — 35 минут.

При выполнении теста пользоваться словарём нельзя.

Тест состоит из 6 аудиотекстов, 30 заданий к ним и матрицы.

Напишите ваше имя и фамилию, страну, дату тестирования на матрице.

Вы прослушаете 6 аудиотекстов. Все аудиотексты звучат один раз. После прослушивания текста выберите правильный вариант и отметьте соответствующую букву в матрице. Например:

   (Б — правильный вариант).

Если вы ошиблись и хотите исправить ошибку, сделайте так:

   (В — ошибка, Б — правильный вариант).

Отмечайте правильный выбор только в матрице, в тесте ничего не пишите (проверяется только матрица).

Задания 1–5. **Прослушайте аудиотекст 1 — историю из жизни маленького мальчика Димы. Постарайтесь понять, почему он хотел обменять квартиру и переехать жить в старый район. Выполните задания к аудиотексту.**

Время выполнения задания — до 5 минут.

Слушайте аудиотекст 1
(Звучат аудиотекст и задания к нему.)

1. Дима очень любит … .

    (А) гулять в парке

    (Б) ходить в цирк

    (В) играть в футбол

2. Сейчас Дима живёт в новом районе, где нет … .

(А) цирка

(Б) хороших друзей

(В) реки

3. Дима решил … .

(А) посоветоваться с папой и мамой и узнать, что надо делать для обмена квартиры

(Б) хорошо учиться в новой школе

(В) написать и повесить объявления об обмене квартиры в новом районе на квартиру рядом с цирком

4. Каждый день после школы Дима … .

(А) играл в футбол

(Б) ходил в цирк

(В) сидел у телефона и делал уроки

5. Отец Димы сказал, что … .

(А) рядом с их домом будут строить новый цирк

(Б) они вернутся в старую квартиру

(В) он должен играть в футбол

Задания 6–10. **Прослушайте аудиотекст 2 — историю из жизни одного русского бизнесмена. Вы должны понять, что случилось с ним во время путешествия. Выполните задания к тексту.**

Время выполнения задания — до 5 минут.

Слушайте аудиотекст 2

(Звучат аудиотекст и задания к нему.)

6. Молодой бизнесмен живёт … .

(А) в Амстердаме

(Б) в Петербурге

(В) в Париже

7. Он познакомился с девушкой, которая по вечерам работает … .

(А) продавщицей

(Б) гидом

(В) переводчиком

8. Молодой человек ездил с девушкой … .
(А) по Италии
(Б) по Англии
(В) по Голландии

9. Перед отъездом на родину бизнесмен в последний раз встретился с девушкой … .
(А) на центральной площади
(Б) в посольстве
(В) в театре

10. Молодой человек подарил девушке … .
(А) духи
(Б) цветы
(В) конфеты

Задания 11–15. **Прослушайте аудиотекст 3 — рассказ о конкурсе. Постарайтесь понять, о каком конкурсе идёт речь в данной статье. Выполните задания к аудиотексту.**

Время выполнения задания — до 10 минут.

Слушайте аудиотекст 3
(Звучат аудиотекст и задания к нему.)

11. Недавно в Российском университете дружбы народов прошла интеллектуальная игра … .
(А) по русскому языку
(Б) по истории России
(В) по русской культуре

12. … год объявлен в России годом российской истории.
(А) 2012
(Б) 2010
(В) 2011

13. Интеллектуальная игра состояла из … уровней.
(А) четырнадцати
(Б) пятидесяти
(В) восемнадцати

14. Победителем конкурса становился тот, кто … .

    (А) правильно прочитал правила игры

    (Б) набрал наибольшее количество баллов

    (В) хотел проверить свои знания по русскому языку

15. 6-го июня, по традиции, … .

    (А) поздравляют победителей конкурса

    (Б) начинается интеллектуальная игра

    (В) можно прочитать правила игры

***Задания 16–20.* Прослушайте аудиотекст 4 — разговор двух студентов. Постарайтесь понять, что они обсуждали и о чём договорились. Выполните задания к аудиотексту.**

Время выполнения задания — до 5 минут.

Слушайте аудиотекст 4 (диалог)

(Звучат аудиотекст и задания к нему.)

16. Сегодня Марина сдала … экзамен.

    (А) первый

    (Б) последний

    (В) второй

17. Марине нужно было выучить … .

    (А) двадцать билетов

    (Б) два билета

    (В) одиннадцать билетов

18. Марина сказала Игорю, что сегодня она сдала экзамен … .

    (А) по философии

    (Б) по истории

    (В) по литературе

19. Марина получила на экзамене оценку … .

    (А) «удовлетворительно»

    (Б) «отлично»

    (В) «хорошо»

20. Завтра Марина с подругой и Игорем поедут … .
   (А) на стадион «Лужники» на футбол
   (Б) в Парк культуры
   (В) на дачу с родителями

Задания 21–25. Прослушайте аудиотекст 5 — разговор Павла и Светы. Постарайтесь понять, куда они собираются пойти и какую проблему они обсуждают. Выполните задания к аудиотексту.

Время выполнения задания — до 5 минут.

Слушайте аудиотекст 5 (диалог)
(Звучат аудиотекст и задания к нему.)

21. Виктор давно увлекается … .
   (А) теннисом
   (Б) пением
   (В) музыкой

22. Виктор почти каждый день ходит … .
   (А) в шахматный клуб
   (Б) на теннисный корт
   (В) на концерт рок-группы

23. Вечерами Виктор играет в шахматы … .
   (А) с ребятами из рок-группы
   (Б) с Павлом
   (В) с отцом

24. Виктор хочет научиться играть … .
   (А) на гитаре
   (Б) на рояле
   (В) на скрипке

25. Друзья решили подарить Виктору на день рождения … .
   (А) шахматы
   (Б) теннисную ракетку
   (В) гитару

Задания 26–30. Прослушайте аудиотекст 6 — разговор Алекса и Луиса. Вам необходимо понять, с кем и куда ходил Луис. Выполните задания к аудиотексту.

Время выполнения задания — до 5 минут.

Слушайте аудиотекст 6 (диалог)
(Звучат аудиотекст и задания к нему.)

26. Луис ходил в Музей А.С. Пушкина на выставку … .
(А) с другом Алексом
(Б) с соседом Анваром
(В) с братом Мигелем

27. На выставке «Портреты современников А.С. Пушкина» можно увидеть портреты … .
(А) людей, которые жили во времена русского поэта
(Б) современников Алекса и Луиса
(В) известных художников

28. Алекс узнал о выставке … .
(А) от своего друга
(Б) из программы «Новости культуры»
(В) от прохожего

29. Вчера Анвар был … .
(А) в Музее А.С. Пушкина
(Б) в Музее изобразительных искусств имени А.С. Пушкина
(В) в гостях у Луиса

30. От метро до Музея А.С. Пушкина можно дойти … .
(А) за полчаса
(Б) за двенадцать минут
(В) минут за десять

Звучащие материалы к субтесту 3
АУДИРОВАНИЕ

Задания 1–5. Прослушайте аудиотекст 1 — историю из жизни маленького мальчика Димы. Постарайтесь понять, почему он хотел обменять квартиру и переехать жить в старый район. Выполните задания к аудиотексту.

ТЕКСТ 1

Дима пришёл из школы очень грустный. Его семья недавно живёт в этом новом районе Москвы. Здесь есть река, лес, большое поле, где можно играть в футбол. В новой школе у Димы уже есть хорошие друзья. Всё прекрасно в новом районе, но… здесь нет цирка. А Дима очень любит цирк. Раньше Дима жил в центре Москвы. Их дом был рядом с цирком. Он ходил в цирк очень часто. Там ему нравилось всё: и весёлые артисты, и умные животные, и громкая музыка. Там всегда было весело и интересно. Сейчас Дима учится в пятом классе, он мечтает стать артистом цирка, когда окончит школу. Но теперь цирк далеко. Что делать?

Дима долго думал и наконец решил: «Я напишу много объявлений о том, что мы хотим поменять квартиру. Может быть, кто-то хочет жить в новом районе, а нам нужно обязательно вернуться в наш старый район. Но сейчас папе и маме нельзя говорить об этом. Потом, когда будет хороший вариант обмена квартиры, я всё расскажу им». На следующий день Дима поехал в центр Москвы. Он везде повесил свои объявления: «Нужна квартира рядом с цирком. Звонить после обеда, спросить Диму. Телефон 125-13-01». Потом Дима вернулся домой и начал ждать.

Вечером телефон звонил очень часто. Папа и мама не могли понять, кто звонит их сыну весь вечер. Так прошло три месяца. Дима начал получать в школе только отличные отметки, потому что теперь после обеда он всегда был дома, сидел около телефона и… готовил уроки. Телефон звонил очень часто, но нужного варианта обмена квартиры не было.

Однажды, когда Дима возвращался из школы, он увидел, что около их дома начали строить новое здание. Рядом висело большое объявление. Дима, как всегда, очень спешил домой, поэтому он не прочитал его. Вечером, когда отец Димы пришёл домой, он сказал сыну: «Не понимаю, почему ты дома! Все дети сейчас гуляют, играют в футбол, а твой друг теперь телефон». Дима грустно ответил: «Мне не нравится здесь гулять, здесь нет цирка». «Как! — закричал папа. — Ты ничего не знаешь? Почему ты не прочитал большое объявление? На поле рядом с нашим домом будут строить цирк!»

Задания 6–10. **Прослушайте аудиотекст 2 — историю из жизни одного русского бизнесмена. Постарайтесь понять, что случилось с ним во время поездки. Выполните задания к аудиотексту.**

ТЕКСТ 2

Эту историю рассказал один молодой бизнесмен из Петербурга. Он очень любил путешествовать и каждый год отдыхал в разных странах. Он был в Англии, в Италии. Несколько раз посещал Францию, потому что очень полюбил Париж. Однажды он путешествовал по Голландии. Все знают, что для того, чтобы хорошо познакомиться со страной, узнать её культуру и людей, надо знать язык этой страны. Но молодой человек говорил только по-русски, поэтому он пошёл в российское посольство в Амстердаме и попросил дать ему переводчика. В посольстве его познакомили с одной девушкой, которая хорошо говорила по-русски. «Четыре-пять дней я буду свободна и могу показать вам голландские города, музеи и театры. Я с удовольствием буду вашим переводчиком», — сказала девушка бизнесмену.

Молодой человек и девушка стали друзьями. Девушка рассказала ему о себе. Он узнал, что она учится в университете, а по вечерам работает продавщицей, живёт с родителями недалеко от Амстердама, что её отец работает на заводе, что у неё есть ещё три младшие сестры.

Молодой бизнесмен и девушка ездили по стране, ходили в музеи и театры, гуляли в красивых парках, встречались и разговаривали с разными людьми. Пять дней прошли очень быстро, и молодой человек должен был вернуться домой, в Петербург. Он позвонил девушке, и они решили последний раз встретиться в 6 часов вечера на центральной площади столицы. Молодой человек хотел сделать девушке подарок. Но он не знал, что можно ей подарить: духи, конфеты, цветы?

Точно в 6 часов бизнесмен пришёл на площадь. Там было очень много людей. Везде продавали прекрасные цветы. Поэтому он купил большой букет и стал ждать девушку. Но её не было.

И вдруг он увидел свою переводчицу. Она стояла недалеко от него и продавала цветы. «Какой я глупый! Я купил цветы продавщице цветов. Почему я раньше не спросил её, что она продаёт?» — подумал бизнесмен. Но было уже поздно покупать что-то другое, потому что девушка тоже увидела его. Молодой человек подошёл к ней и отдал ей букет. «Это мне? — удивилась она. — Какой красивый букет!» — «Извините, но я не знал, что вы продаёте цветы», — сказал молодой человек. Девушка грустно улыбнулась. «Вы знаете, мне никто никогда не дарил цветы. Это первый букет в моей жизни, а я продаю цветы с десяти лет», — сказала девушка.

Задания 11–15. Прослушайте аудиотекст 3 — рассказ о конкурсе. Постарайтесь понять, о каком конкурсе идёт речь в данной статье. Выполните задания к аудиотексту.

ТЕКСТ 3

Недавно в Российском университете дружбы народов проходил конкурс по русскому языку. Это интересная интеллектуальная игра, которую организовал журналист Иван Клименко. До 2012 года эта игра проводилась уже два раза. В 2010 году она проходила в честь пятидесятилетия полёта Юрия Гагарина в космос. В 2011 году эта игра проходила в честь трёхсотлетия со дня рождения великого русского учёного Михаила Васильевича Ломоносова.

В России 2012 год был годом российской истории, поэтому многие задания этого конкурса были связаны с историей России и, конечно, с русским языком. Сама игра проводилась с 14 мая в Интернете. В ней мог принять участие каждый человек, который хотел проверить свои знания в русском языке. Правила игры были нетрудные, их можно было прочитать на сайте в Интернете. В игре было 18 уровней, и победителем становился тот, кто набирал наибольшее количество баллов.

Победителями среди иностранцев стали Лаура из Венгрии и Алекс из Германии. В конкурсе также принимали участие русские школьники и студенты. Победители получили призы и подарки.

В конкурсе на знание русской истории и русского языка участвовало около тысячи человек, которые живут в Америке, в Австралии и в других странах. Это говорит о том, что в мире существует большой интерес к России.

Эта игра была организована для студенческой молодёжи, но среди игроков были и школьники, и люди старшего возраста. Благодаря этому конкурсу у его участников развивается интерес к истории и культуре России и русскому языку.

Сейчас уже существует новый проект этой игры. Он будет труднее первого конкурса и пройдёт в восьми городах: в Москве, Санкт-Петербурге, Липецке, Минске и в других городах. Начало игры планируется на первые числа марта 2013 года, а победителей поздравят 6 июня, в День русского языка.

Первый конкурс по русскому языку показал, что игра прошла с хорошими результатами. Конкурс на знание истории России и русского языка понравился многим людям, которые интересуются изучением русского языка и хотят больше узнать о России. Если вы хотите проверить свои знания по русскому языку и истории России, примите участие в этом конкурсе.

Задания 16–20. Прослушайте аудиотекст 4 — разговор двух студентов. Постарайтесь понять, что они обсуждали и о чём договорились. Выполните задания к аудиотексту.

ТЕКСТ 4

(диалог)

Игорь: Здравствуй, Марина! Давно тебя не видел.

Марина: Привет, Игорь! Рада тебя видеть. У меня сегодня отличный день. Сдала последний экзамен.

Игорь: Экзамен по литературе?

Марина: Нет, экзамен по литературе был вторым, и его наша группа сдала ещё в прошлую пятницу. Третьим экзаменом была история, а сегодня мы сдавали философию. Экзамен был трудный. Нужно было выучить 20 билетов, а в каждом билете по 2 вопроса.

Игорь: Ну ты, конечно, все вопросы давно уже выучила, ты же всегда занимаешься серьёзно и сдаёшь экзамены хорошо.

Марина: Да, многие студенты получили тройки, четвёрки, но, несмотря на то что у меня были трудные вопросы, преподаватель поставил мне пятёрку.

Игорь: Молодец! Что ты собираешься делать после экзаменов? Как всегда, поедешь с родителями на дачу?

Марина: Нет, завтра мы с подругой хотим поехать в одно место, куда давно собирались.

Игорь: Наверное, в Парк культуры?

Марина: Нет, завтра мы хотим поехать на стадион «Лужники» на футбол. Игорь, ты ведь тоже сдал все экзамены и любишь футбол. Хочешь поехать с нами?

Игорь: Спасибо за приглашение, я с удовольствием поеду.

Марина: Вот и отлично. Тогда ждём тебя завтра у выхода из метро на станции «Спортивная» в 11 часов. Не опаздывай!

Игорь: Договорились!

Задания 21–25. Прослушайте аудиотекст 5 — разговор Павла и Светы. Постарайтесь понять, куда они собираются пойти и какую проблему они обсуждают. Выполните задания к аудиотексту.

ТЕКСТ 5

(диалог)

— Света! Как хорошо, что я тебя встретил! Ты помнишь, что у Виктора завтра день рождения? Он пригласил нас с тобой к себе в гости.

— Конечно, помню, Павел, но я никак не могу решить, что ему подарить.

— Может быть, фотоальбом? Он любит фотографировать.

— Фотоальбом — это хорошо, но ты же знаешь, что Виктор серьёзно занимается спортом. Он хороший спортсмен. Давно увлекается теннисом. На теннисный корт ходит почти каждый день.

— Света, а разве ты не знаешь, что ещё Виктор любит играть в шахматы. Обычно вечером он со своим отцом играет в шахматы и раз в неделю ходит в шахматный клуб.

— Конечно, знаю. Но что же ему подарить, Павел, теннисную ракетку или шахматы?

— Послушай, Света. Вчера мы с ним возвращались домой после концерта, и Виктор вдруг сказал, что хочет научиться играть на гитаре и петь, как ребята из рок-группы, которая выступала на концерте. Нам особенно понравилась песня, которую пела девушка. Она пела и играла на рояле, а молодой человек играл на скрипке.

— Вот это интересно! Виктор — и музыкант?! Павел, может быть, мы подарим ему гитару?

— Ты знаешь, это хорошая идея! Давай сходим в магазин и купим ему гитару.

— Я согласна.

Задания 26–30. Прослушайте аудиотекст 6 — разговор Алекса и Луиса. Постарайтесь понять, куда и с кем ходил Луис. Выполните задания к аудиотексту.

TEKCT 6

(диалог)

Алекс: Луис, привет! Как дела?

Луис: Здравствуй, Алекс. Всё нормально. А у тебя?

Алекс: Спасибо, хорошо. Что нового?

Луис: У меня есть интересная информация. Ты помнишь моего брата Мигеля? Он учится в МГУ.

Алекс: Конечно, помню. Ты меня познакомил с ним, когда он приезжал к тебе в гости.

Луис: Да, правильно. Так вот, недавно мы с ним ходили в Музей Пушкина на выставку, которая называется «Портреты современников Пушкина».

Алекс: Тебе понравилась эта выставка? Я о ней услышал, когда смотрел по телевизору передачу «Новости культуры».

Луис: Да, выставка очень интересная, потому что там мы увидели портреты тех людей, которые жили и общались с Пушкиным. Да и сам музей нам очень понравился. Я думаю, тебе тоже будет интересно пойти туда.

Алекс: Спасибо за совет. Я собирался туда пойти. Скажи, а как туда доехать? Ты знаешь точный адрес этого музея? Вчера с моим соседом по комнате Анваром произошла очень странная история. Он тоже хотел пойти на эту выставку, но почему-то пришёл совсем в другой музей. Вместо Музея А.С. Пушкина он пришёл в Музей изобразительных искусств. Там он увидел много красивых картин известных художников, но ничего не узнал о жизни поэта.

Луис: Ты разве не знаешь, что в Москве два музея Пушкина. Один музей рассказывает о жизни и произведениях великого русского поэта, а другой музей просто называется «Музей изобразительных искусств имени Пушкина». Конечно, в этом музее ты ничего не узнаешь о жизни поэта. Твой друг перепутал выходы со станции метро. Он приехал на станцию «Кропоткинская», но вышел не на Кропоткинскую улицу, а на улицу Волхонка. Запомни, тебе надо выходить из метро на Кропоткинскую улицу. В доме номер 12 находится Музей А.С. Пушкина. Если перепутаешь выход, спроси у кого-нибудь. Люди тебе обязательно помогут.

Алекс: Большое спасибо. Теперь я обязательно пойду на эту выставку. Да, а далеко музей от метро?

Луис: Нет, рядом. Я думаю, ты дойдёшь минут за десять. Когда сходишь туда, обязательно расскажи.

Алекс: Конечно, расскажу. Ну, пока, Луис, до встречи!

Луис: Пока, Алекс!

Субтест 4
ПИСЬМО

Инструкция к выполнению теста

Время выполнения теста — 60 минут.
При выполнении теста можно пользоваться словарём.
Тест состоит из 2 заданий.

***Задание 1.* Вас интересует проблема экологии. Прочитайте текст и изложите письменно свою точку зрения по следующим вопросам:**

1. Почему в последнее время появилось много книг и статей учёных и журналистов об экологических проблемах?

2. Что нужно сделать, чтобы улучшить экологическую ситуацию?

3. К какому выводу пришли участники конференции по охране окружающей среды, которая состоялась в 1989 году в Москве?

4. Какие проблемы решает организация «Международный Зелёный Крест»?

5. Как вы считаете, нужна ли «Декларация прав природы»?

ЗЕЛЁНЫЙ КРЕСТ

Когда по улице с большой скоростью едет машина и на ней нарисован красный крест, мы понимаем, что где-то случилось несчастье: заболел человек, и к нему едет скорая помощь. Но куда и какая машина должна ехать, если заболела природа?

В последнее время появилось много книг, статей, в которых люди пишут о природе и её проблемах. Экологическая ситуация в мире становится хуже. Природа больна, и ей нужно помочь. Но между словами и делами многих людей, которые говорят об экологическом кризисе, мы видим огромную дистанцию. Если спросить любого человека, хочет ли он, чтобы в городе был чистый воздух, он ответит: «Да». Но если попросить его отказаться от личной машины, он не согласится это сделать, хотя автомобиль является главным загрязнителем воздуха. Выход из этой ситуации найти можно. В недалёком будущем уменьшится производство автомобилей, которые ездят на бензине, и люди пересядут на электромобили. Тогда воздух станет намного чище.

Конечно, можно много писать, говорить об экологических проблемах, но только слова не спасут природу. Её спасут реальные дела.

Часто мы начинаем понимать важное значение чего-то слишком поздно. Например, сейчас мы говорим: «Многих растений и животных уже нет. Как жаль, что мы не увидим их никогда!» Об этом говорили участники Международной конференции по охране окружающей среды, которая состоялась в Москве в 1989 году: «Мы решим многие экологические проблемы, если мы пригласим природу в наш ум, в наши сердца, в наши души». До тех пор пока все люди не поймут важность экологических проблем, экологическая ситуация не улучшится. На этой конференции был сделан вывод о том, что необходимо начать заботиться о природе, нужно начать сотрудничать с ней. На конференции также было принято решение создать международный экологический кодекс, который должен контролировать и регулировать отношения человека и природы во всех регионах планеты. Было предложено создать Совет безопасности окружающей среды, международный центр экологической помощи, который будет называться «Зелёный крест».

В 1993 году в Рио-де-Жанейро в Бразилии была создана международная экологическая организация, которую основал лауреат Нобелевской премии мира Михаил Горбачёв. Её название — «Международный Зелёный Крест». Официально «Международный Зелёный Крест» был учреждён в Японии, в Киото, 18 апреля 1993 года. Штаб-квартира «Международного Зелёного Креста» расположена в Женеве, в Швейцарии, а филиалы имеются в тридцати странах мира: в США, в странах Латинской Америки, в Западной и Восточной Европе, в России, Белоруссии, Японии и Пакистане.

Организация «Международный Зелёный Крест» была создана по модели организации «Международный Красный Крест». Но эта организация занимается экологическими проблемами, а не медицинскими. Её деятельность направлена на защиту природы. Она занимается решением многих экологических проблем, ликвидацией последствий войн и военных конфликтов. Эта организация имеет следующие цели: обеспечить безопасное будущее планеты, заниматься экологическим воспитанием людей.

Она играет большую роль в защите природы и оказывает ей реальную экологическую помощь.

Мы знаем, что есть «Декларация прав человека», которую приняла Организация Объединённых Наций (ООН) ещё в 1948 году, но в настоящее время необходимо принять «Декларацию прав природы». Природа просит защитить её. Необходимо очищать воздух, которым мы дышим, и воду, которую мы пьём. Нужно беречь землю и лес, которые нас кормят, лечат и одевают.

Придёт время, когда экологическая помощь будет хорошо организована, и мы сможем увидеть на улице машину с зелёным крестом или в воздухе самолёт с зелёным крестом. Тогда мы поймём, что случилось несчастье: заболела природа, и к больной природе спешит скорая помощь.

Задание 2. **Студент(-ка) окончил(-а) с отличием один из российских вузов и уехал(-а) на родину. В России у него (неё) остался(-ась) русский (русская) друг (подруга). Студент(-ка) пишет письмо, в котором хочет пригласить своего друга (свою подругу) приехать в гости. Для письма можно использовать следующий план:**

1. Формула начала письма.
2. Воспоминания о совместной жизни и учёбе в Москве.
3. Жизнь и работа (учёба) на родине.
4. Занятия в свободное время.
5. Приглашение другу (подруге) приехать в гости.
6. Формула окончания письма.

Ваше письмо должно содержать не менее 20 предложений.

Субтест 5
ГОВОРЕНИЕ

Инструкция к выполнению теста

Время выполнения теста — 60 минут.
Тест состоит из 4 заданий (13 позиций).
При выполнении заданий 3 и 4 можно пользоваться словарём.
Ваши ответы записываются на плёнку.

Инструкция к выполнению задания 1
(позиции 1–5)

Время выполнения задания — до 5 минут.
Задание выполняется без предварительной подготовки.
Вам нужно принять участие в диалогах. Вы слушаете реплику тестирующего преподавателя и даёте ответную реплику. Если вы не успеете дать ответ, не задерживайтесь, слушайте следующую реплику.
Помните, что вы должны дать полный ответ (ответы «да», «нет» не являются полными).

Задание 1 (позиции 1–5). Примите участие в диалогах. Ответьте на реплики собеседника.

1. — Настя, я знаю, что ты часто ходишь в интернет-кафе. Скажи, пожалуйста, сколько там стоит час работы?
— … .

2. — Андрей, ты не забыл, что скоро у Кати день рождения?
— … .
— Что ты хочешь ей подарить?
— … .
— А цветы? Ты знаешь, какие цветы она любит?
— … .

3. — Рита, я знаю, что вчера ты была в театре. Скажи, в какой театр ты ходила и где он находится?

— … ..

— А что ты смотрела?

— … .

— Тебе понравился спектакль?

— … .

4. — Даша! У меня нет денег на мобильном телефоне. Скажи, пожалуйста, где я могу положить деньги на телефон?

— … .

— А где здесь есть терминал?

— … .

— Спасибо.

— … .

5. — Ира, ты не забыла, что Сергей и Антон пригласили нас вечером в клуб «Диско»?

— … .

— Ты не знаешь, как туда быстрее добраться?

— … .

— Давай встретимся у входа в клуб!

— … .

— Во сколько?

— … .

— До встречи!

— … .

Инструкция к выполнению задания 2
(позиции 6–10)

Время выполнения задания — до 8 минут.

Задание выполняется без предварительной подготовки. Вам нужно принять участие в 5 диалогах. Вы знакомитесь с ситуацией и после этого начинаете диалог, чтобы решить поставленную задачу. Если одна из ситуаций покажется вам трудной, переходите к следующей ситуации.

Задание 2 (позиции 6–10). **Познакомьтесь с описанием ситуации. Начните диалог.**

6. Вам нужно постричься. Вы пришли в парикмахерскую. Объясните мастеру, что вы хотите. Спросите, сколько стоит стрижка.

7. Вы планируете поехать в Санкт-Петербург. Купите в кассе билеты на поезд.

8. Вы плохо себя чувствуете и пришли к врачу. Объясните ему, что у вас болит. Попросите врача порекомендовать вам лекарство и спросите, как его принимать.

9. Скоро Рождество. Пойдите в магазин и купите родным и знакомым подарки. Спросите продавца, что лучше купить, и узнайте о цене рождественских подарков.

10. Вы пришли на лекцию, но перепутали аудиторию и не знаете, где сейчас занимается ваша группа. Пойдите в деканат и спросите у секретаря об изменениях в расписании, уточните номер аудитории, в которой сейчас идёт лекция.

Инструкция к выполнению задания 3
(позиции 11, 12)

Время выполнения задания — до 25 минут (15 минут — подготовка, 10 минут — ответ). При подготовке задания можно пользоваться словарём.

Задание 3 (позиции 11, 12). *Прочитайте рассказ о любви известного русского поэта Александра Грибоедова и грузинской девушки Нины Чавчавадзе. Кратко передайте его содержание.*

ЛЮБОВЬ И ВЕРНОСТЬ

Все знают, что в России всегда жили смелые мужчины и красивые, верные, добрые женщины. Можно рассказать много интересных историй о любви и верности русских женщин своим мужьям.

Россия — огромная страна. В ней живут люди разных национальностей. Они всегда жили в дружбе и согласии. Браки между людьми разных национальностей в России не редкость, а обычное явление.

Эта история произошла почти 200 лет назад. Грузинский князь Чавчавадзе в молодости жил и служил в Санкт-Петербурге. Когда князь женился, он вернулся на родину, в Грузию, в город Тифлис (сейчас город Тбилиси, столица Грузии). Князь Чавчавадзе был образованным человеком, поэтом, писал стихи на русском и грузинском языках. Он дружил со многими русскими писателями и поэтами. Знал он и Александра Грибоедова — русского аристократа, известного поэта, композитора и прекрасного дипломата.

В начале XIX века Россия воевала с Персией (Ираном) и Турцией за Кавказ. Отношения между Россией и Ираном, который в то время назывался Персией, были сложными, поэтому русский царь решил послать туда одного из своих лучших дипломатов — Александра Грибоедова, работавшего там несколько лет назад секретарём русского посольства и хорошо знавшего эту страну, её историю и культуру.

В 1822 году молодой дипломат получил отпуск и поехал из Ирана в Санкт-Петербург через Тифлис. Там он сделал остановку, чтобы встретиться с друзьями. Александр Грибоедов посетил и князя Чавчавадзе. Хозяин дома, зная таланты Грибоедова не только в политике, но и в музыке, сразу же попросил его послушать, как играет на рояле его дочь Нина, которой в то время было 12 лет. Александр Грибоедов обратил внимание на умную и красивую девочку и дал ей несколько уроков музыки.

Как же удивился Грибоедов, когда через четыре года снова увидел её! Это была уже не девочка, а прекрасная девушка.

Нине было пятнадцать с половиной лет. Она была очень красива. Александр сразу влюбился в Нину. Дочь князя тоже полюбила известного дипломата и талантливого поэта.

В то время девушки в 16 лет могли выходить замуж, поэтому через несколько месяцев Нина и Александр поженились. Грибоедов был старше Нины на 16 лет. Ему было 32 года.

После свадьбы молодожёны отправились в Персию, где работал муж. Там они жили в городе Тавриде, недалеко от русской границы. Александр Грибоедов часто ездил в командировки в Тегеран, столицу Ирана. И благодаря его работе между двумя странами был заключён мир. Этот мирный договор был очень важным и нужным для России. В России царь и правительство были довольны работой Грибоедова в Персии.

Скоро Нина поняла, что у неё будет ребёнок. В это время Александр, который был послом России в Персии, снова уехал по дипломатическим делам в Тегеран. Там он был убит. Это событие, конечно, ухудшило отношения между странами. Чтобы избежать войны с Россией, иранский монарх послал русскому царю самый большой в мире бриллиант. Сейчас он хранится в музее «Эрмитаж» в Санкт-Петербурге.

После убийства Грибоедова друзья не хотели говорить Нине о смерти мужа, так как она ждала ребёнка. Когда же она узнала об этом, от горя она потеряла ребёнка. После этого трагического события молодая женщина долго болела и находилась между жизнью и смертью. Но молодость победила болезнь, потому что Нине в это время было всего 17 лет.

Никто не мог заменить Нине её любимого мужа. Она никогда больше не вышла замуж и всю жизнь прожила одна, помогая своим сёстрам воспитывать их детей.

На могиле мужа она поставила красивый памятник с надписью по-русски: «Имя и дела твои бессмертны в памяти русской, но для чего пережила тебя любовь моя?»

Когда Нине Чавчавадзе было 46 лет, она заболела и умерла. Похоронили её рядом с мужем.

На могилу Александра и Нины Грибоедовых сейчас часто приходят влюблённые и молодожёны. Они приносят цветы и долго стоят здесь, на горе, мечтая о будущем. Отсюда открывается прекрасный вид на город Тбилиси, столицу Грузии.

Так жизнь Нины и Александра стала легендой, примером любви и верности.

Нужно сказать о том, что Александр Грибоедов был не только талантливым дипломатом. Он был и талантливым поэтом. Грибоедов написал прекрасную комедию в стихах «Горе от ума». Ученики изучают её в российских школах, а студенты-филологи — в университетах.

Александр Грибоедов был также композитором. Он написал замечательный вальс, который так и называется — «Вальс Грибоедова».

Жизнь талантливых людей часто бывает необычной, она сама становится поэмой, романом, легендой или темой для фильма.

11. Как вы думаете, в чём заключается основная идея текста?

12. Что значат для вас такие чувства человека, как любовь и верность?

Инструкция к выполнению задания 4
(позиция 13)

Время выполнения задания — до 20 минут (10 минут — подготовка, 10 минут — ответ).

Вы должны подготовить сообщение на предложенную тему. Вы можете составить план сообщения, но не должны читать своё сообщение.

Задание 4 (позиция 13). **Вы работаете в туристической фирме. К вам пришёл клиент, который хочет получить информацию о летних турах. Заинтересуйте его. Подготовьте рекламу одного из туров.
Вы можете рассказать:**
• **об истории города;**
• **о музеях и исторических памятниках;**
• **о театрах и кинотеатрах;**
• **о колледжах и университетах;**
• **о стадионах и бассейнах;**
• **о ресторанах и магазинах;**
• **о природе и климате города;**
• **о стоимости билета на самолёт, о скидках для студентов, детей и пенсионеров и т. д.**
В вашем рассказе должно быть не менее 20 фраз.

Рабочие матрицы

ЛЕКСИКА. ГРАММАТИКА

МАКСИМАЛЬНОЕ КОЛИЧЕСТВО БАЛЛОВ ЗА ТЕСТ — 165

Имя, фамилия	Страна	Дата

ЧАСТЬ I			
1	А	Б	В	Г
2	А	Б	В	Г
3	А	Б	В	Г
4	А	Б	В	Г
5	А	Б	В	Г
6	А	Б	В	Г
7	А	Б	В	Г
8	А	Б	В	Г
9	А	Б	В	Г
10	А	Б	В	Г
11	А	Б	В	Г
12	А	Б	В	Г
13	А	Б	В	Г
14	А	Б	В	Г
15	А	Б	В	Г
16	А	Б	В	Г
17	А	Б	В	Г

18	А	Б	В	Г
19	А	Б	В	Г
20	А	Б	В	Г
21	А	Б	В	Г
22	А	Б	В	Г
23	А	Б	В	Г
24	А	Б	В	Г
25	А	Б	В	Г
ЧАСТЬ II				
26	А	Б	В	Г
27	А	Б	В	Г
28	А	Б	В	Г
29	А	Б	В	Г
30	А	Б	В	Г
31	А	Б	В	Г
32	А	Б	В	Г
33	А	Б	В	Г
34	А	Б	В	Г

35	А	Б	В	Г
36	А	Б	В	Г
37	А	Б	В	Г
38	А	Б	В	Г
39	А	Б	В	Г
40	А	Б	В	Г
41	А	Б	В	Г
42	А	Б	В	Г
43	А	Б	В	Г
44	А	Б	В	Г
45	А	Б	В	Г
46	А	Б	В	Г
47	А	Б	В	Г
48	А	Б	В	Г
49	А	Б	В	Г
50	А	Б	В	Г
51	А	Б	В	Г
52	А	Б	В	Г
53	А	Б	В	Г
54	А	Б	В	Г
55	А	Б	В	Г
56	А	Б	В	Г
57	А	Б	В	Г
58	А	Б	В	Г

59	А	Б	В	Г
60	А	Б	В	Г
61	А	Б	В	Г
62	А	Б	В	Г
63	А	Б	В	Г
64	А	Б	В	Г
65	А	Б	В	Г
66	А	Б	В	Г
67	А	Б	В	Г
68	А	Б	В	Г
69	А	Б	В	Г
70	А	Б	В	Г
71	А	Б	В	Г
72	А	Б	В	Г
73	А	Б	В	Г
74	А	Б	В	Г
75	А	Б	В	Г
76	А	Б	В	Г
77	А	Б	В	Г
ЧАСТЬ III				
78	А	Б	В	Г
79	А	Б	В	Г
80	А	Б	В	Г
81	А	Б	В	Г

82	А	Б	В	Г	106	А	Б	В	Г
83	А	Б	В	Г	107	А	Б	В	Г
84	А	Б	В	Г	108	А	Б	В	Г
85	А	Б	В	Г	109	А	Б	В	Г
86	А	Б	В	Г	110	А	Б	В	Г
87	А	Б	В	Г	111	А	Б	В	Г
88	А	Б	В	Г	112	А	Б	В	Г
89	А	Б	В	Г	113	А	Б	В	Г
90	А	Б	В	Г	114	А	Б	В	Г
91	А	Б	В	Г	115	А	Б	В	Г
92	А	Б	В	Г	116	А	Б	В	Г
93	А	Б	В	Г	117	А	Б	В	Г
94	А	Б	В	Г	118	А	Б	В	Г
95	А	Б	В	Г	119	А	Б	В	Г
96	А	Б	В	Г	120	А	Б	В	Г
97	А	Б	В	Г	121	А	Б	В	Г
98	А	Б	В	Г	122	А	Б	В	Г
99	А	Б	В	Г	123	А	Б	В	Г
100	А	Б	В	Г	124	А	Б	В	Г
101	А	Б	В	Г	125	А	Б	В	Г
102	А	Б	В	Г	126	А	Б	В	Г
103	А	Б	В	Г	127	А	Б	В	Г
104	А	Б	В	Г	128	А	Б	В	Г
105	А	Б	В	Г	129	А	Б	В	Г

ЧАСТЬ IV			
130	А	Б	В	Г
131	А	Б	В	Г
132	А	Б	В	Г
133	А	Б	В	Г
134	А	Б	В	Г
135	А	Б	В	Г
136	А	Б	В	Г
137	А	Б	В	Г
138	А	Б	В	Г
139	А	Б	В	Г
140	А	Б	В	Г
141	А	Б	В	Г
142	А	Б	В	Г
143	А	Б	В	Г
144	А	Б	В	Г
145	А	Б	В	Г
146	А	Б	В	Г
147	А	Б	В	Г
148	А	Б	В	Г
149	А	Б	В	Г
150	А	Б	В	Г
151	А	Б	В	Г
152	А	Б	В	Г

153	А	Б	В	Г
154	А	Б	В	Г
155	А	Б	В	Г
156	А	Б	В	Г
157	А	Б	В	Г
158	А	Б	В	Г
159	А	Б	В	Г
160	А	Б	В	Г
161	А	Б	В	Г
162	А	Б	В	Г
163	А	Б	В	Г
164	А	Б	В	Г
165	А	Б	В	Г

ЧТЕНИЕ

МАКСИМАЛЬНОЕ КОЛИЧЕСТВО БАЛЛОВ ЗА ТЕСТ — 140

Имя, фамилия			Страна	Дата

1	А	Б	В
2	А	Б	В
3	А	Б	В
4	А	Б	В
5	А	Б	В
6	А	Б	В
7	А	Б	В
8	А	Б	В
9	А	Б	В
10	А	Б	В
11	А	Б	В
12	А	Б	В
13	А	Б	В
14	А	Б	В
15	А	Б	В
16	А	Б	В
17	А	Б	В
18	А	Б	В
19	А	Б	В
20	А	Б	В

АУДИРОВАНИЕ

МАКСИМАЛЬНОЕ КОЛИЧЕСТВО БАЛЛОВ ЗА ТЕСТ — 120

Имя, фамилия   Страна   Дата

1	А	Б	В
2	А	Б	В
3	А	Б	В
4	А	Б	В
5	А	Б	В
6	А	Б	В
7	А	Б	В
8	А	Б	В
9	А	Б	В
10	А	Б	В
11	А	Б	В
12	А	Б	В
13	А	Б	В
14	А	Б	В
15	А	Б	В

16	А	Б	В
17	А	Б	В
18	А	Б	В
19	А	Б	В
20	А	Б	В
21	А	Б	В
22	А	Б	В
23	А	Б	В
24	А	Б	В
25	А	Б	В
26	А	Б	В
27	А	Б	В
28	А	Б	В
29	А	Б	В
30	А	Б	В

Контрольные матрицы

ЛЕКСИКА. ГРАММАТИКА

МАКСИМАЛЬНОЕ КОЛИЧЕСТВО БАЛЛОВ ЗА ТЕСТ — 165

ЧАСТЬ I									
1	А	**Б**	В	Г	18	А	Б	**В**	Г
2	А	Б	**В**	Г	19	А	**Б**	В	Г
3	А	**Б**	В	Г	20	А	**Б**	В	Г
4	**А**	Б	В	Г	21	А	Б	**В**	Г
5	**А**	Б	В	Г	22	**А**	Б	В	Г
6	А	Б	**В**	Г	23	А	**Б**	В	Г
7	**А**	Б	В	Г	24	**А**	Б	**В**	Г
8	А	**Б**	В	Г	25	**А**	Б	**В**	Г
9	А	**Б**	В	Г	ЧАСТЬ II				
10	А	Б	**В**	Г	26	А	**Б**	В	Г
11	А	**Б**	В	Г	27	А	Б	В	**Г**
12	А	**Б**	В	Г	28	А	Б	В	**Г**
13	**А**	Б	В	Г	29	А	Б	**В**	Г
14	А	**Б**	В	Г	30	А	**Б**	В	Г
15	А	**Б**	В	Г	31	**А**	Б	В	Г
16	**А**	Б	В	Г	32	А	**Б**	В	Г
17	А	Б	**В**	Г	33	**А**	Б	В	Г
					34	А	Б	В	**Г**

35	А	**Б**	В	Г
36	**А**	Б	В	Г
37	А	Б	**В**	Г
38	А	Б	**В**	Г
39	**А**	Б	В	Г
40	А	Б	В	**Г**
41	А	**Б**	В	Г
42	А	Б	**В**	Г
43	А	Б	В	**Г**
44	А	**Б**	В	Г
45	**А**	Б	В	Г
46	**А**	Б	В	Г
47	А	**Б**	В	Г
48	А	Б	В	**Г**
49	А	**Б**	В	Г
50	А	**Б**	В	Г
51	А	**Б**	В	Г
52	**А**	Б	В	Г
53	А	Б	В	**Г**
54	А	Б	В	**Г**
55	А	Б	**В**	Г
56	А	**Б**	В	Г
57	А	Б	В	**Г**
58	А	Б	**В**	Г

59	А	Б	**В**	Г
60	А	Б	**В**	Г
61	А	**Б**	В	Г
62	А	Б	**В**	Г
63	А	Б	**В**	Г
64	А	**Б**	В	Г
65	**А**	Б	В	Г
66	А	Б	**В**	Г
67	А	**Б**	В	Г
68	А	Б	**В**	Г
69	А	**Б**	В	Г
70	А	**Б**	В	Г
71	А	**Б**	В	Г
72	А	**Б**	В	Г
73	А	Б	**В**	Г
74	А	**Б**	В	Г
75	**А**	Б	В	Г
76	А	**Б**	В	Г
77	А	Б	**В**	Г
ЧАСТЬ III				
78	А	**Б**	В	Г
79	**А**	Б	В	Г
80	А	Б	**В**	Г
81	**А**	Б	В	Г

82	**А**	Б	В	Г
83	А	Б	В	Г
84	А	**Б**	В	Г
85	**А**	Б	В	Г
86	А	**Б**	В	Г
87	**А**	Б	В	Г
88	А	**Б**	В	Г
89	А	**Б**	В	Г
90	А	**Б**	В	Г
91	А	**Б**	В	Г
92	А	Б	**В**	Г
93	А	Б	**В**	Г
94	А	**Б**	В	Г
95	А	**Б**	В	Г
96	А	**Б**	В	Г
97	А	**Б**	В	Г
98	**А**	Б	В	Г
99	А	**Б**	В	Г
100	**А**	Б	В	Г
101	**А**	Б	В	Г
102	**А**	Б	В	Г
103	А	**Б**	В	Г
104	А	**Б**	В	Г
105	А	**Б**	В	Г

106	**А**	Б	В	Г
107	А	**Б**	В	Г
108	**А**	Б	В	Г
109	А	**Б**	В	Г
110	**А**	Б	В	Г
111	А	**Б**	В	Г
112	**А**	Б	В	Г
113	А	**Б**	В	Г
114	**А**	Б	В	Г
115	**А**	Б	В	Г
116	А	Б	**В**	Г
117	А	**Б**	В	Г
118	**А**	Б	В	Г
119	А	Б	**В**	Г
120	А	**Б**	В	Г
121	**А**	Б	В	Г
122	**А**	Б	В	Г
123	А	Б	В	**Г**
124	А	Б	**В**	Г
125	А	Б	**В**	Г
126	А	**Б**	В	Г
127	**А**	Б	В	Г
128	А	Б	**В**	Г
129	А	**Б**	В	Г

ЧАСТЬ IV			
130	А	Б	В	**Г**
131	**А**	Б	В	Г
132	А	Б	**В**	Г
133	А	**Б**	В	Г
134	А	Б	**В**	Г
135	**А**	Б	В	Г
136	**А**	Б	В	Г
137	А	Б	**В**	Г
138	А	**Б**	В	Г
139	А	**Б**	В	Г
140	**А**	Б	В	Г
141	А	**Б**	В	Г
142	**А**	Б	В	Г
143	А	**Б**	В	Г
144	А	**Б**	В	Г
145	А	Б	**В**	Г
146	А	**Б**	В	Г
147	**А**	Б	В	Г
148	А	**Б**	В	Г
149	**А**	Б	В	Г
150	А	Б	**В**	Г
151	А	**Б**	В	Г
152	**А**	Б	В	Г

153	А	Б	В	**Г**
154	А	Б	**В**	Г
155	А	Б	В	**Г**
156	А	**Б**	В	Г
157	А	Б	**В**	Г
158	А	Б	**В**	Г
159	А	**Б**	В	Г
160	А	**Б**	В	Г
161	А	**Б**	В	Г
162	**А**	Б	В	Г
163	А	**Б**	В	Г
164	**А**	Б	В	Г
165	А	Б	В	**Г**

ЧТЕНИЕ

МАКСИМАЛЬНОЕ КОЛИЧЕСТВО БАЛЛОВ ЗА ТЕСТ — 140

1	А	**Б**	В
2	**А**	Б	В
3	А	Б	**В**
4	А	**Б**	В
5	А	Б	**В**
6	**А**	Б	В
7	А	**Б**	В
8	**А**	Б	В
9	А	**Б**	В
10	**А**	Б	В
11	А	Б	**В**
12	А	Б	**В**
13	А	Б	**В**
14	**А**	Б	В
15	А	**Б**	В
16	**А**	Б	В
17	**А**	Б	В
18	**А**	Б	В
19	А	Б	**В**
20	А	Б	**В**

АУДИРОВАНИЕ

МАКСИМАЛЬНОЕ КОЛИЧЕСТВО БАЛЛОВ ЗА ТЕСТ — 120

1	А	**Б**	В
2	**А**	Б	В
3	А	Б	**В**
4	А	Б	**В**
5	**А**	Б	В
6	А	**Б**	В
7	**А**	Б	В
8	А	Б	**В**
9	**А**	Б	В
10	А	**Б**	В
11	**А**	Б	В
12	**А**	Б	В
13	А	Б	**В**
14	А	**Б**	В
15	**А**	Б	В

16	А	**Б**	В
17	**А**	Б	В
18	**А**	Б	В
19	А	**Б**	В
20	**А**	Б	В
21	**А**	Б	В
22	А	**Б**	В
23	А	Б	**В**
24	**А**	Б	В
25	А	Б	**В**
26	А	Б	**В**
27	**А**	Б	В
28	А	**Б**	В
29	А	**Б**	В
30	А	Б	**В**

Практикум к субтесту 4
ПИСЬМО

На каждый вопрос предлагается исчерпывающий ответ. За тестирующимся остаётся право выбрать фразы, наиболее соответствующие, по его мнению, содержанию вопроса.

Задание 1. Вас интересует проблема экологии. Прочитайте текст и изложите письменно свою точку зрения по следующим вопросам.

Первый вариант ответа

1. Почему в последнее время появилось много книг и статей учёных и журналистов об экологических проблемах?

В последнее время люди стали больше думать о том, в какой среде они живут. Сейчас большинство людей меняет своё отношение к природе. Мы знаем, что многих растений и животных уже нет на Земле. Природа, к сожалению, не может защитить себя. Ей нужна экологическая помощь. Для спасения планеты от экологической катастрофы людям необходимо беречь природу, заботиться о ней, найти общий язык с природой. Вот почему в последнее время учёные много пишут об экологии и экологических проблемах. Они предлагают сотрудничать с природой, а не разрушать её.

2. Что нужно сделать, чтобы улучшить экологическую ситуацию?

Экологическая ситуация на нашей планете с каждым годом становится всё хуже и хуже. Только реальные дела могут спасти природу. Все знают, что автомобиль делает воздух грязным. Но никто не хочет отказаться от личного автомобиля и от производства машин. Выход можно найти, если увеличить производство электромобилей. Конечно, экологически правильным решением является организация службы, которая помогает природе. Такой организацией является «Международный Зелёный Крест».

3. К какому выводу пришли участники конференции по охране окружающей среды, которая состоялась в 1989 году в Москве?

Участники московской конференции по охране окружающей среды считают, что природу можно спасти, если люди начнут заботиться и думать о ней, если откроют для природы свои сердца и души. Экологическая ситуация на нашей планете улучшится, если это поймут все люди на Земле и если они начнут сотрудничать с природой и перестанут вредить ей. На этой конференции участники приняли решение о создании международного экологического кодекса, закона, который будет контролировать и регулировать отношения между природой и человеком. Было решено также создать международный центр экологической помощи «Зелёный Крест» и Совет безопасности окружающей среды.

4. Какие проблемы решает организация «Международный Зелёный Крест»?

«Международный Зелёный Крест», филиалы которого находятся в 30 странах мира, занимается решением экологических проблем. Эта организация также помогает людям выжить и вернуться к нормальной жизни после войны и военных конфликтов. В её работу входит экологическое воспитание людей. «Международный Зелёный Крест» играет большую роль в защите природы и оказывает ей реальную экологическую помощь.

5. Как вы считаете, нужна ли «Декларация прав природы»?

В 1948 году Организация Объединённых Наций (ООН) приняла «Декларацию прав человека». Я считаю, что пришло время принять «Декларацию прав природы», потому что природа на нашей планете серьёзно больна и ей нужна помощь. Уже нет многих видов растений и животных. Надо спасать растительный и животный мир, который мы имеем сегодня. Природа просит нас защитить её. Чтобы выжить, люди должны очистить воздух, которым они дышат, воду, которую они пьют. Нужно заботиться о земле и о лесе, которые их кормят, лечат и одевают. Такой защитой для природы может стать документ «Декларация прав природы», который будет работать во всех регионах планеты.

Второй вариант ответа

1. Почему в последнее время появилось много книг и статей учёных и журналистов об экологических проблемах?

В последнее время много пишут и говорят об ухудшении экологической ситуации на всей нашей планете. Природа серьёзно больна. Ей нужны помощь и защита. Земная атмосфера, животный и растительный мир находятся в опасности. Многие виды растений и животных уже давно не существуют на Земле. Всему живому нужна срочная экологическая помощь.

2. Что нужно сделать, чтобы улучшить экологическую ситуацию?

Улучшить экологическую ситуацию могут не слова, а реальные дела людей. Люди должны заботиться о природе так, как они заботятся о детях. Мы знаем, что такие люди работают в организации «Международный Зелёный Крест». Уменьшить загрязнение атмосферы, очистить воздух они предлагают с помощью уменьшения количества автомобилей и увеличения производства электромобилей. Другая важная проблема, которую они решают, — это экологическое образование и воспитание людей, которые живут на Земле.

3. К какому выводу пришли участники конференции по охране окружающей среды, которая состоялась в 1989 году в Москве?

Участники конференции по охране окружающей среды пришли к выводу о том, что с природой необходимо сотрудничать, а не разрушать её. Они говорили о том, что экологические проблемы можно решить только тогда, когда природа будет в умах, в сердцах и в душах людей. До тех пор пока люди не поймут это, экологическая ситуация не улучшится.

4. Какие проблемы решает организация «Международный Зелёный Крест»?

Организацию «Международный Зелёный Крест» основал лауреат Нобелевской премии мира, бывший президент Советского Союза Михаил Горбачёв. Эта организация была создана по мо-

дели организации «Международный Красный Крест». «Зелёный Крест» занимается защитой природы, решением многих экологических проблем. Члены этой организации учат людей беречь природу и заботиться о ней. Организация «Международный Зелёный Крест» играет важную роль в решении экологических проблем на планете Земля.

5. Как вы считаете, нужна ли «Декларация прав природы»?

С моей точки зрения, «Декларация прав природы» нужна, потому что это очень важный документ, который будет защищать природу. Природа на нашей планете больна. Экологическая ситуация каждый год ухудшается. Многих видов растений и животных уже нет на Земле. Декларация поможет очистить воздух, которым дышат люди, а также воду, которую они пьют. Этот документ будет учить людей заботиться о земле и о лесе, которые дают нам пищу, которые нас одевают и лечат.

Задание 2. Студент(-ка) окончил(-а) с отличием один из российских вузов и уехал(-а) на родину. В России у него (неё) остался(-ась) русский (русская) друг (подруга). Студент(-ка) пишет письмо, в котором хочет пригласить своего друга (свою подругу) приехать в гости.

Первый вариант ответа

Дорогой (-ая) Виктор (Наташа)!

Я уже вернулся (-ась) на родину, но очень скучаю по тебе, по России, по университету. Хотя я жил (-а) в Москве только один год, я очень привык (-ла) к тебе, к друзьям, к университету, к городу. Поэтому я очень часто вспоминаю тебя, наших общих друзей и знакомых, наш университет.

У меня сейчас много свободного времени, потому что я ещё не нашёл (нашла) работу. Есть возможность работать в одной фирме переводчиком (переводчицей), но я боюсь, потому что это медицинская фирма, а я плохо знаю медицинские термины. Но я хочу попробовать.

Ты помнишь, что, когда я уезжал (-а), ты обещал (-а) мне приехать в Пекин? Я тебя жду. Думаю, что самое хорошее время года в Пекине — это осень. Приезжай в сентябре. В это время у нас очень красивая природа, тёплая и приятная погода. Мы будем с тобой гулять в парках, ходить по городу. Я покажу тебе наши интересные музеи, красивые дворцы и памятники. Я познакомлю тебя со своими родителями, родственниками, друзьями. Вечером мы можем ходить в театры, в кино или в клубы. Приезжай! В аэропорту я тебя обязательно встречу. Желаю тебе и всем твоим близким всего самого доброго! Передай, пожалуйста, всем знакомым от меня привет! До встречи!

Твой (твоя) Лун (Ясинь)

Второй вариант ответа

Привет, мой (моя) дорогой(-ая) Максим (Света)!

Прошло уже четыре месяца с тех пор, как я вернулся(-ась) на родину. Извини, что так долго не писал(-а) тебе. У меня не было времени, потому что нужно было искать работу. Но я всегда думал(-а) о тебе. Я очень часто вспоминаю нашу жизнь в Москве, друзей, преподавателей. Это было прекрасное время. И я очень скучаю по тебе, по Москве, по университету.

Как только я приехал(-а) в Милан, я сразу начал(-а) искать работу. Три месяца я ничего не мог(-ла) найти, но недавно мне предложили работу в школе, и я согласился(-ась). Теперь я учитель (учительница), преподаю русский язык миланским школьникам. Работа мне очень нравится, у меня хорошие ученики.

Помнишь, ты говорил(-а) мне, что хочешь увидеть Милан? Приезжай ко мне в гости зимой, когда у тебя будут зимние каникулы. Я думаю, что тебе понравится мой родной город. Я покажу тебе школу, в которой работаю, познакомлю с ребятами. Я уже рассказал(-а) им, что 4 года учился(-ась) в Москве и что у меня есть русский(-ая) друг (подруга). Они будут рады познакомиться с тобой и поговорить по-русски. Вечером мы будем гулять по городу, ходить в театры, в кино. Приезжай! Желаю тебе всего хорошего! Передай всем нашим друзьям и знакомым от меня большой привет! Жду тебя.

Твой (твоя) Марио (Джулия)

Практикум к субтесту 5
ГОВОРЕНИЕ

Задание 1 (позиции 1–5). Примите участие в диалогах. Ответьте на реплики собеседника.

1.

Первый вариант ответа

— Настя, я знаю, что ты часто ходишь в интернет-кафе. Скажи, пожалуйста, сколько там стоит час работы?

— Да, ты права, Светлана, я часто хожу в интернет-кафе. Час работы там днём стоит около 100 рублей, а вечером, конечно, дороже.

Второй вариант ответа

— Настя, я знаю, что ты часто ходишь в интернет-кафе. Скажи, пожалуйста, сколько там стоит час работы?

— Светлана, цена зависит от времени, когда ты хочешь работать: утром, днём или вечером.

2.

Первый вариант ответа

— Андрей, ты не забыл, что скоро у Кати день рождения?

— Нет, не забыл.

— Что ты хочешь ей подарить?

— Может быть, хорошую книгу, конфеты.

— А цветы? Ты знаешь, какие цветы она любит?

— Да, цветы обязательно. Она любит жёлтые розы. Я подарю ей книгу, конфеты и розы.

Второй вариант ответа

— Андрей, ты не забыл, что скоро у Кати день рождения?

— Конечно, я помню об этом.

— Что ты хочешь ей подарить?

— Я подарю ей интересную компьютерную игру и диск с классической музыкой.

— А цветы? Ты знаешь, какие она любит цветы?

— Нет, не знаю. Но розы, я думаю, нравятся всем, поэтому я куплю белые розы и подарю ей компьютерную игру, диск и розы.

3.

Первый вариант ответа

— Рита, я знаю, что вчера ты была в театре. Скажи, в какой театр ты ходила и где он находится?

— Да, я ходила в драматический театр, который находится в центре города.

— А что ты смотрела?

— Я смотрела комедию Шекспира «Сон в летнюю ночь».

— Тебе понравился спектакль?

— Спектакль мне очень понравился, артисты играли прекрасно. Советую тебе посмотреть этот спектакль.

Второй вариант ответа

— Рита, я знаю, что вчера ты была в театре. Скажи, в какой театр ты ходила и где он находится?

— Я ходила в музыкальный театр, который находится недалеко от университета.

— А что ты слушала?

— Я слушала оперу Чайковского «Евгений Онегин».

— Тебе понравилась опера?

— Прекрасная опера, великолепные артисты. Советую тебе обязательно послушать эту оперу.

4.

Первый вариант ответа

— Даша! У меня нет денег на мобильном телефоне. Скажи, пожалуйста, где я могу положить деньги на телефон?

— Виктор, ты можешь положить деньги на телефон в любой терминал.

— А где здесь есть терминал?

— Один есть рядом с магазином «Книги».

— Спасибо.

— Не стоит.

Второй вариант ответа

— Даша! У меня нет денег на мобильном телефоне. Скажи, пожалуйста, где я могу положить деньги на телефон?

— Виктор, в Сбербанке есть терминал. Там можно заплатить за телефон.

— А где он находится?

— Сбербанк находится на соседней улице.

— Спасибо.

— Пожалуйста.

5.

Первый вариант ответа

— Ира, ты не забыла, что Сергей и Антон пригласили нас вечером в клуб «Диско»?

— Конечно, не забыла.

— Ты не знаешь, как туда быстрее добраться?

— Нужно ехать до центра на метро, а потом две остановки на автобусе.

— Давай встретимся у входа в клуб!

— Хорошо.

— Во сколько?

— Часов в 7 вечера.

— До встречи!

— Пока!

Второй вариант ответа

— Ира, ты не забыла, что Сергей и Антон пригласили нас вечером в клуб «Диско»?

— Я помню об этом.

— Ты не знаешь, как туда быстрее добраться?

— От университета до клуба «Диско» ходит маршрутка.

— Давай встретимся у входа в клуб!

— Договорились.

— Во сколько?
— Точно в 7 часов.
— До встречи!
— До свидания!

Задание 2 (позиции 6–10). Познакомьтесь с описанием ситуации. Начните диалог.

6. Вам нужно постричься. Вы пришли в парикмахерскую. Объясните мастеру, что вы хотите. Спросите, сколько стоит стрижка.

Первый вариант ответа

— Здравствуйте!
— Доброе утро!
— Я хочу постричься.
— Пожалуйста.
— А сколько стоит стрижка?
— Какая?
— Я хочу постричься коротко.
— Короткая стрижка стоит 600 рублей.
— Спасибо.
— Садитесь, пожалуйста, в кресло.

Второй вариант ответа

— Добрый день, девушка!
— Здравствуйте!
— Мой друг сказал мне, что вы очень хороший мастер. Он посоветовал мне прийти именно к вам.
— Спасибо.
— Скажите, пожалуйста, сколько стоит стрижка?
— Мужская стрижка стоит 700 рублей.
— Хорошо. Постригите меня, пожалуйста!
— Пожалуйста. Но сейчас я занята. Вы можете подождать минут десять?
— Хорошо. Я подожду.

7. Вы планируете поехать в Санкт-Петербург. Купите в кассе билеты на поезд.

Первый вариант ответа

— Доброе утро, девушка!
— Здравствуйте.
— Мне нужно два билета на поезд до Санкт-Петербурга.
— На какое число?
— На 25 августа.
— Хорошо. Поезд «Красная стрела» отправляется в этот день в 23 часа 50 минут.
— Сколько стоит один билет?
— Билет стоит 3200 рублей.
— Дайте, пожалуйста, два билета.
— Мне нужны ваши паспорта.
— Возьмите, пожалуйста.
— Так, два билета на 25 августа, вагон № 4, места 15 и 16. С вас 6 тысяч 400 рублей.
— Возьмите деньги.
— Вот ваши билеты.

Второй вариант ответа

— Доброе утро!
— Здравствуйте!
— Я хочу купить билет на поезд до Санкт-Петербурга.
— Пожалуйста. Когда вы хотите ехать?
— Сегодня после обеда.
— На какой поезд вы хотите купить билеты?
— На «Сапсан» у вас есть билеты?
— Да, конечно.
— Сколько стоит билет?
— Пять тысяч рублей.
— Когда отправляется поезд?
— В 17 часов.
— Хорошо. Дайте, пожалуйста, один билет на этот поезд. Я бы хотел место около окна.

— Ваш паспорт, пожалуйста. Минуточку… Поезд № 178 «Москва — Санкт-Петербург», вагон № 7, место № 15. Поезд отправляется сегодня в 17.00. С Вас пять тысяч рублей.

— Спасибо. До свидания.

8. Вы плохо себя чувствуете и пришли к врачу. Объясните ему, что у вас болит. Попросите врача порекомендовать вам лекарство и спросите, как его принимать.

Первый вариант ответа

— Доброе утро, доктор!

— Здравствуйте! Что случилось?

— У меня уже несколько дней очень болит голова. Посоветуйте, какое лекарство мне купить.

— У вас есть температура?

— Нет, температуры нет.

— Вам нужно купить парацетамол.

— А как принимать лекарство?

— Три раза в день после еды.

— Спасибо, доктор, до свидания!

— Выздоравливайте, до свидания!

Второй вариант ответа:

— Здравствуйте, доктор!

— Добрый день! Что с вами?

— У меня сильно болит горло.

— Покажите горло.

— А-а-а-а-а.

— Да, горло красное. Нужно принимать лекарство. Вот рецепт.

— А как принимать это лекарство?

— Три раза в день до еды.

— Спасибо. До свидания!

— Всего хорошего! Поправляйтесь!

9. Скоро Рождество. Пойдите в магазин и купите родным и знакомым подарки. Спросите продавца, что лучше купить, и узнайте о цене рождественских подарков.

Первый вариант ответа

— Добрый день, девушка!
— Здравствуйте! Что вы хотите?
— Мне нужно купить рождественские подарки для мамы и папы.
— Пожалуйста. У нас большой выбор подарков.
— Что вы можете мне посоветовать?
— Я советую вам купить для мамы эти хорошие духи, а для отца — эту интересную книгу.
— Спасибо. Сколько стоят духи?
— Духи стоят 750 рублей.
— А эта книга?
— Книга стоит 400 рублей.
— Спасибо. Я возьму это.
— Платите в кассу.

Второй вариант ответа

— Здравствуйте. Скоро Рождество, я хочу купить подарок для подруги (друга).
— Добрый вечер. Сколько лет вашей подруге (вашему другу)?
— Ей (ему) 25 лет.
— Она (он) любит музыку?
— Да, конечно.
— Я советую вам купить этот диск. Здесь музыка известных современных композиторов.
— Спасибо. А сколько стоит этот диск?
— 350 рублей.
— Хорошо. Я возьму его.
— Что-нибудь ещё?
— Нет, больше ничего. Спасибо.

10. Вы пришли на лекцию, но перепутали аудиторию и не знаете, где сейчас занимается ваша группа. Пойдите в деканат и спросите у секретаря об изменениях в расписании, уточните номер аудитории, в которой сейчас идёт лекция.

Первый вариант ответа

— Здравствуйте, Лариса Анатольевна!

— Доброе утро, Марта!

— Я пришла на лекцию в аудиторию №12, но там нет нашей группы.

— Вы перепутали аудиторию, Марта. Ваша группа занимается в аудитории № 19.

— Большое спасибо.

— Пожалуйста! До свидания!

— До свидания!

Второй вариант ответа

— Доброе утро, Лариса Анатольевна!

— Здравствуйте! Что случилось? Почему вы не на лекции, Анна?

— Я пришла в аудиторию №13, но там занимается другая группа.

— Конечно, Анна. По расписанию ваша группа занимается в аудитории № 30.

— Ой, я всё перепутала.

— Да, перепутали. Идите быстрее на лекцию.

— Спасибо. До свидания!

— До свидания!

Задание 3 (позиции 11, 12). Прочитайте текст о любви известного русского поэта Александра Грибоедова и грузинской девушки Нины Чавчавадзе. Кратко передайте его содержание.

Первый вариант ответа

Этот текст рассказывает о большой любви прекрасной молодой девушки Нины и известного русского дипломата, талантливого поэта и композитора Александра Грибоедова.

Нина была дочерью грузинского князя Чавчавадзе, который в молодости жил в Петербурге. Князь Чавчавадзе был поэтом, писал стихи на русском и грузинском языках. У него было много друзей и знакомых среди русских писателей, художников, музыкантов. Князь был знаком и с Александром Грибоедовым, который в то время, в начале XIX века, работал дипломатом за границей, в Персии (сейчас Иран), в русском посольстве.

Надо сказать, что отношения между Россией и Персией были сложными, потому что Россия воевала с этой страной и Турцией за территорию Кавказа. Для того чтобы контролировать ситуацию, русский царь послал работать туда Александра Грибоедова, одного из лучших русских дипломатов, который раньше уже работал в Персии и хорошо знал эту страну.

В 1822 году Александр Грибоедов получил отпуск и поехал на родину через Тифлис, столицу Грузии. Там он встретился со своими друзьями и побывал в гостях у князя Чавчавадзе. Князь знал, что Александр был прекрасным музыкантом, и поэтому попросил его послушать, как играет на рояле его дочь Нина. Грибоедов послушал девочку, сказал отцу, что она очень музыкальна, что у неё большие способности и что ей нужно заниматься музыкой. Грибоедов дал ей несколько уроков музыки. Так они познакомились. В то время Нине было 12 лет, она была умной и красивой девочкой.

Через несколько лет они встретились опять. Нина стала прекрасной девушкой, и Александр влюбился в неё. Дочь князя тоже полюбила его. Хотя Грибоедов был старше Нины на 16 лет, они поженились. Молодожёны уехали в Иран, так как Грибоедов продолжал работать там дипломатом.

Он был послом в России и часто ездил в командировки в разные города Персии и в Россию, а Нина ждала его. Однажды он поехал в Тегеран и там был убит. В это время Нина ждала ребёнка. Когда она узнала о смерти мужа, она серьёзно заболела, долго была больна и потеряла ребёнка. В то время ей было только 17 лет. Смерть мужа была для Нины большим горем. Она не могла забыть Александра и поэтому больше не вышла замуж. Нина помогала своим сёстрам воспитывать их детей.

На могиле мужа она поставила красивый памятник с надписью по-русски: «Имя и дела твои бессмертны в памяти русской, но для чего пережила тебя любовь моя?» Всю жизнь Нина прожила одна. В 46 лет она заболела и умерла.

На могилу Александра Грибоедова и Нины и сейчас часто приходят влюблённые и молодожёны. Они приносят цветы. Так жизнь и любовь молодой грузинской девушки и известного русского дипломата, поэта и композитора стали легендой.

Второй вариант ответа

В тексте рассказывается о любви известного русского дипломата, по-эта и композитора Александра Грибоедова и грузинской девушки Нины Чавчавадзе.

Эта история произошла почти 200 лет назад. Нина Чавчавадзе была дочерью грузинского князя Чавчавадзе. В молодости князь жил в Петербурге. Он был поэтом, поэтому в Петербурге часто встречался с русскими писателями и поэтами. Знал он и Александра Грибоедова. Потом князь Чавчавадзе вернулся на родину, в Грузию, в город Тифлис, и женился. Сейчас этот город называется Тбилиси. Это столица Грузии.

В начале XIX века Россия воевала с Персией (сейчас Иран) и Турцией за территорию Кавказа. Отношения между Россией и Персией были сложными, поэтому русский царь решил послать туда работать в посольстве одного из лучших русских дипломатов — Александра Грибоедова. Он уже несколько лет работал там и хорошо знал эту страну.

Однажды Александр Грибоедов получил отпуск и поехал в Петербург через Тифлис, так называлась столица Грузии. Там он решил встретиться со своими друзьями. Побывал он в гостях и у князя Чавчавадзе. Там Александр Грибоедов впервые увидел дочь князя Нину, которая, так же как и он, увлекалась музыкой. В то время ей было 12 лет. Отец девочки очень хотел, чтобы Грибоедов послушал, как его дочь играет на рояле. Нина сыграла что-то, и Грибоедов отметил, что девочка очень способная. Он даже дал ей несколько уроков музыки.

Через четыре года они опять встретились. Это была уже не девочка, а прекрасная девушка, в которую Александр сразу влюбился. Нина тоже полюбила его. Они поженились, несмотря на то что он был старше её на 16 лет.

После свадьбы молодожёны уехали в Персию, где Александр Грибоедов продолжал работать. Благодаря его деятельности между Россией и Ираном был заключён мир, поэтому русский царь был очень доволен работой своего посла.

Скоро Нина поняла, что у неё будет ребёнок. Но Александр так и не узнал об этом, потому что был убит. Для Нины это было большое горе. Она была долго и тяжело больна, потеряла ребёнка. В то время ей было только 17 лет.

Всю жизнь Нина прожила одна. Она хранила верность Грибоедову всю жизнь.

На могиле мужа Нина поставила красивый памятник. Когда она умерла, её похоронили рядом с Грибоедовым.

Сейчас на это место часто приходят влюблённые и молодожёны. Они приносят цветы и вспоминают историю настоящей любви грузинки Нины Чавчавадзе и русского поэта, музыканта и дипломата Александра Грибоедова.

11. Как вы думаете, в чём заключается основная идея текста?

Первый вариант ответа

Я думаю, что основная идея текста — любовь и верность друг другу. Любовь Нины и Александра Грибоедова стала легендой, примером для всех влюблённых. Хотя Нина очень рано потеряла своего мужа, она любила его всю жизнь. Её любовь была настоящей, а настоящая любовь не умирает.

Второй вариант ответа

Мне кажется, что основная идея текста заключается в том, что необходимо не только любить друг друга, но и быть верным своей любви.

12. Что значат для вас такие чувства человека, как любовь и верность?

Первый вариант ответа

Мне кажется, что каждый человек мечтает о настоящей, большой любви. Настоящая любовь — это не только сильное чувство, но и верность любимому человеку.

Второй вариант ответа

Когда Александр Грибоедов умер, Нине было только 17 лет. Она могла бы ещё раз выйти замуж. Но всю жизнь Нина прожила одна, она любила своего мужа и хранила ему верность.

Задание 4 (позиция 13). **Вы работаете в туристической фирме. К вам пришёл клиент, который хочет получить информацию о летних турах. Заинтересуйте его. Поготовьте рекламу одного из туров.**

Первый вариант ответа

Я хочу рассказать вам о России и предложить поехать летом в эту интересную страну. Если вы никогда не были там, то, конечно, нужно поехать в Москву, так как Москва — столица Российской Федерации. Это огромный, многомиллионный город. В настоящее время здесь живут около двенадцати миллионов человек.

Москва была основана в 1147 году. Это политический, экономический и культурный центр России. В центре Москвы находится Кремль, где работает глава государства, президент. Раньше в Кремле жили русские цари. Кремль — это прекрасный комплекс соборов, башен, церквей. В Москве также находятся российское правительство и парламент. В городе много известных во всём мире музеев: Третьяковская галерея, Музей изобразительных искусств имени А.С. Пушкина и другие. Здесь же находятся всемирно известный Большой театр, много музыкальных и драматических театров. Москва — город студентов, потому что в столице много высших учебных заведений. На Воробьёвых горах находится Московский государственный университете имени М.В. Ломоносова. В городе есть несколько других крупных университетов.

В настоящее время Москва — важный экономический центр не только России, но и Европы. Здесь работают разные иностранные фирмы, банки, совместные предприятия, заводы и фабрики.

За последние 20 лет Москва очень изменилась: построили и строят современные здания, магазины, гостиницы, кинотеатры, культурные центры, банки, стадионы и многое другое.

Если вы не были в Москве, то я советую вам обязательно поехать туда. Летом в российской столице тепло. Температура воздуха +25 — +30 градусов. Иногда бывают небольшие приятные дожди. Москва — зелёный город. Здесь много прекрасных парков и садов, а Подмосковье богато красивыми лесами и полями.

Лучше лететь в Москву на самолёте. Пенсионеры, дети и студенты имеют скидки.

Жить можно в гостинице или в квартире. Конечно, если вы будете жить в гостинице, то лучше там же завтракать и ужинать. В ресторанах московских гостиниц готовят очень вкусно. Там есть европейская, азиатская и русская кухня.

В гостинице вам предложат и экскурсионную программу. Советую вам ездить по Москве на автобусе с экскурсоводом. Вы узнаете много интересного об этом городе, о его истории, архитектуре, культуре. Обязательно посетите Большой театр, который известен во всём мире. На сцене Большого театра танцуют и поют замечательные артисты. Русский балет — лучший балет в мире!

Второй вариант ответа

Если вы уже были в Москве, то я советую вам поехать в Санкт-Петербург, который называют северной столицей России. Это очень красивый город.

Санкт-Петербург основал русский царь Пётр I в 1703 году. Это был великий царь-реформатор, который установил экономические (торговые), политические и культурные связи между Россией и Европой. Великий русский поэт А.С. Пушкин написал, что он «в Европу прорубил окно». И это, действительно, правда, так как в Россию в XVIII веке во время правления царя Петра приехали иностранные учёные, архитекторы, музыканты, инженеры, строители, медики, артисты, которые способствовали развитию русского государства.

 Санкт-Петербург находится на берегу Балтийского моря. В городе есть широкая река Нева и много небольших рек и каналов, потому что Пётр I хотел построить новый город, который будет похож на Венецию. В Венеции, как вы знаете, итальянцы передвигаются по каналам на лодках.

Сейчас город на Неве — второй по величине город России. Его население — около пяти миллионов человек.

Конечно, Санкт-Петербург — экономический и культурный центр России, так как здесь, как и в Москве, много предприятий, российских и иностранных торговых фирм. В городе также много банков, магазинов, заводов, фабрик.

В Петербурге находятся известные во всём мире музеи: Эрмитаж, Русский музей и другие. Здесь есть всемирно известный Мариинский театр, а также много других хороших театров. В городе есть замечательный университет, много других учебных заведений, где учится молодёжь. Поэтому в Санкт-Петербург едут учиться юноши и девушки не только из разных городов и деревень России, но из других стран Европы, Азии, Латинской Америки, США и Австралии.

Все, кто приезжает в Петербург летом, в июне, хотят увидеть знаменитые белые ночи, когда всю ночь на улицах светло, как днём.

Так как город находится на берегу Балтийского моря, климат здесь влажный, летом не жарко, часто бывают тёплые дожди, дуют ветры. Природа в Санкт-Петербурге очень красивая: много садов и парков, в которых растут красивые деревья и цветы.

Если вы поедете в Санкт-Петербург, то советую вам лететь на самолёте. Для пенсионеров, детей и студентов есть скидки. В городе много хороших гостиниц с удобными номерами. В ресторанах и кафе готовят блюда русской, европейской и азиатской кухни. Конечно, вам предложат интересную экскурсионную программу, потому что в этом городе много интересных мест, которые нужно посмотреть.

Очень советую вам поехать в Санкт-Петербург в мае или июне, чтобы увидеть это необычное явление — белые ночи.

Вариант 2

Субтест 1
ЛЕКСИКА. ГРАММАТИКА

Инструкция к выполнению теста

Время выполнения теста — 60 минут. Тест включает 165 заданий.

При выполнении теста пользоваться словарём нельзя.

Вы получили тест и матрицу. Напишите ваше имя и фамилию, страну, дату тестирования на матрице.

В тесте слева даны предложения (1, 2 и т. д.), а справа — варианты на выбор. Выберите правильный вариант и отметьте соответствующую букву в матрице. Например:

(Б — правильный вариант).

Если вы ошиблись и хотите исправить ошибку, сделайте так:

(В — ошибка, Б — правильный вариант).

Отмечайте правильный выбор только в матрице, в тесте ничего не пишите, проверяется только матрица.

ЧАСТЬ I

Задания 1–21. **Выберите правильный вариант.**

1	В России есть … городов с населением более миллиона человек.	(А) некоторые (Б) несколько
2	В концерте участвовали … известные артисты.	(А) много (Б) большинство (В) многие (Г) большие
3	Климат в Африке … , чем в России.	(А) жаркий (Б) жарче (В) жарко (Г) жарок

4	— Лада, ты разве не знаешь, что Борис … на Маше.	(А) женился (Б) замужем (В) вышла замуж (Г) женилась
5	Чтобы стать хорошим психологом, тебе нужно изучить… курс психологии.	(А) жирный (Б) толстый (В) полный (Г) целый
6	Московский государственный университет носит … М.В. Ломоносова.	(А) название (Б) имя (В) фамилию (Г) звание
7	На … этаже нового здания находится поликлиника.	(А) высоком (Б) верхнем (В) высшем (Г) верху
8	Я давно не видела мою … подругу.	(А) древнюю (Б) старую (В) старшую (Г) старинную
9	— Внимание! На платформу номер три прибывает … поезд Москва — Санкт-Петербург.	(А) срочный (Б) быстрый (В) скорый (Г) экстренный
10	Будущие лингвисты учатся на … факультете.	(А) юридическом (Б) филологическом (В) экономическом (Г) философском
11	— Водитель, поверните, пожалуйста, здесь … .	(А) направо (Б) правый (В) справа (Г) право
12	Экскурсовод … группу школьников по музею.	(А) несёт (Б) ведёт (В) везёт (Г) носит

13	— Женя, пожалуйста, … новый календарь на стену.	(А) повесь (Б) положи (В) поставь (Г) клади
14	Сегодня друзья и коллеги … Ивана Степановича с днём рождения.	(А) празднуют (Б) отмечают (В) поздравляют (Г) отметили
15	Пошёл сильный дождь, а Сергей … свой зонтик дома.	(А) остановился (Б) оставил (В) остановил (Г) оставит
16	Сын долго … отца купить ему новый велосипед.	(А) попросил (Б) спросил (В) просил (Г) спросит
17	— Ольга Петровна, я … познакомиться с вами!	(А) люблю (Б) нравится (В) рад (Г) нравлюсь
18	Клара любит природу, поэтому она … поехать с друзьями за город.	(А) согласилась (Б) отказалась
19	Владимир … от родителей письмо.	(А) послал (Б) получил (В) взял (Г) пошлём
20	— Алёна, ты … нужную информацию в Интернете?	(А) искала (Б) нашла (В) потеряла (Г) нашли
21	— Эмма, … , пожалуйста, молоко в холодильник.	(А) клади (Б) поставь (В) положи (Г) ставь

Задания 22–25. Выберите все возможные варианты ответа.

22	Завтра … день, когда можно сдать экзамен.	(А) последний (Б) следующий (В) первый (Г) остальной
23	С каждым годом в нашей стране … количество школ и детских садов.	(А) увеличивается (Б) растёт (В) повышается (Г) выросло
24	На вечере поэзии иностранные студенты читали стихи … .	(А) на русском языке (Б) по русскому языку (В) по-русски (Г) русские
25	Алексей уже не … . Он начал ходить на занятия в университет.	(А) болит (Б) болеет (В) болен (Г) больной

ЧАСТЬ II

Задания 26–77. Выберите правильную форму.

26	— Вера, приходи завтра … в гости.	(А) со мной (Б) у меня (В) на меня (Г) ко мне
27	Много любителей поэзии пришло … послушать стихи молодых поэтов.	(А) литературный музей (Б) в литературный музей (В) в литературном музее (Г) к литературному музею
28	Катя встретила на стадионе … .	(А) знакомого юношу (Б) знакомого юноши (В) знакомому юноше (Г) знакомый юноша

29	… я узнал о фотовыставке известного фотографа.	(А) О своем лучшем друге (Б) От своего лучшего друга (В) К своему лучшему другу (Г) Про своего лучшего друга
30	Из газет мы узнали об открытии … .	(А) московского планетария (Б) в московский планетарий (В) о московском планетарии (Г) московский планетарий
31	Мы прочитали интересную статью … московского метро.	(А) известный строитель (Б) об известном строителе (В) с известным строителем (Г) известным строителем
32	Поэзия … играет большую роль в жизни русских людей.	(А) Александр Сергеевич Пушкин (Б) Александру Сергеевичу Пушкину (В) Александра Сергеевича Пушкина (Г) Александром Сергеевичем Пушкиным
33	На улице не было никого, кроме … .	(А) один прохожий (Б) одного прохожего (В) одному прохожему (Г) одним прохожим
34	Во время космического полёта космонавты выполняют … .	(А) научная программа (Б) научной программы (В) научной программе (Г) научную программу
35	… скоро будет свадьба.	(А) С моей дочерью (Б) Моей дочери (В) У моей дочери (Г) Мою дочь
36	Люба давно интересуется … .	(А) русская живопись (Б) русской живописью (В) в русской живописи (Г) с русской живописью

37	… в Москве было построено специальное здание.	(А) С Третьяковской галереей (Б) В Третьяковскую галерею (В) Для Третьяковской галереи (Г) В Третьяковской галерее
38	Новый журнал моды познакомит читателей … женской обуви.	(А) последнюю коллекцию (Б) в последней коллекции (В) последняя коллекция (Г) с последней коллекцией
39	Студенты часто ходят обедать … .	(А) студенческая столовая (Б) в студенческую столовую (В) в студенческой столовой (Г) о студенческой столовой
40	— Соня, не забудь, пожалуйста, позвонить завтра … .	(А) Марию Алексеевну Федину (Б) Марии Алексеевны Фединой (В) Марией Алексеевной Фединой (Г) Марии Алексеевне Фединой
41	Перед отъездом в Москву Марат сфотографировался … .	(А) у всей семьи (Б) ко всей семье (В) со всей семьёй (Г) о всей семье
42	В музее они долго рассматривали … 19-ого века.	(А) старинное кресло (Б) на старинном кресле (В) старинного кресла (Г) к старинному креслу
43	Даже … сейчас трудно найти работу .	(А) о хорошем образовании (Б) без хорошего образования (В) к хорошему образованию (Г) с хорошим образованием

44	У Ксении сейчас нет … для занятий музыкой.	(А) свободного времени (Б) в свободное время (В) о свободном времени (Г) свободное время
45	На школьный праздник Вероника придёт … .	(А) с красивым платьем (Б) красивое платье (В) о красивом платье (Г) в красивом платье
46	В наше время на международных космических станциях принимают больше … , чем раньше.	(А) космическими кораблями (Б) космическим кораблям (В) космических кораблей (Г) космические корабли
47	Тележурналисты часто берут интервью … .	(А) знаменитых артистов (Б) с знаменитыми артистами (В) у знаменитых артистов (Г) знаменитым артистам
48	В центральной больнице работает много … .	(А) молодым врачам (Б) молодые врачи (В) молодых врачей (Г) молодыми врачами
49	У Фёдора пять … .	(А) младшие братья (Б) младшим братьям (В) младших братьях (Г) младших братьев
50	Молодые рабочие крупного завода попросили … рассказать о своей работе.	(А) опытные инженеры (Б) опытных инженеров (В) опытным инженерам (Г) опытными инженерами
51	Японские туристы посетили … .	(А) древнерусские города (Б) в древнерусских городах (В) с древнерусскими городами (Г) древнерусских городов

52	Арсений всегда дарит цветы	(А) знакомых девушек (Б) знакомые девушки (В) знакомым девушкам (Г) знакомыми девушками
53	После чемпионата мира по футболу футболисты вернулись на родину	(А) о золотых медалях (Б) золотых медалей (В) золотые медали (Г) с золотыми медалями
54	Сейчас люди изучают иностранные языки с помощью	(А) компьютерные программы (Б) с компьютерными программами (В) в компьютерных программах (Г) компьютерных программ
55	Участникам конференции подарили книги о работе .... , борющихся за мир.	(А) международные организации (Б) международным организациям (В) международных организаций (Г) международных организациях
56	Три ... Стефании живут и работают в Испании.	(А) старшим сестрам (Б) старших сестрах (В) старших сестры (Г) старших сестёр
57	Луис прочитал интересную книгу о жизни	(А) русские крестьяне (Б) русским крестьянам (В) русских крестьян (Г) русскими крестьянами
58	Родители собираются поехать на море	(А) у своих детей (Б) со своими детьми (В) о своих детях (Г) своих детей

59	… всегда стараются помочь тем, кому нужна помощь.	(А) Добрые люди (Б) Добрых людей (В) Добрым людям (Г) Добрыми людьми
60	В московском зоопарке можно увидеть … из разных стран мира.	(А) редкие животные (Б) редким животным (В) редких животных (Г) редкими животными
61	С детства Андрей мечтал … .	(А) морские путешествия (Б) в морские путешествия (В) о морских путешествиях (Г) к морским путешествиям
62	В зале Московской консерватории сегодня нет … .	(А) свободные места (Б) к свободным местам (В) на свободные места (Г) свободных мест
63	Мать дала своим детям … .	(А) красивые имена (Б) красивым именам (В) красивых имён (Г) красивыми именами
64	В магазине «Одежда» Виктор купил … брюки и две рубашки.	(А) одних (Б) одним (В) одни (Г) одними
65	В нашей группе все студенты помогают … изучать русский язык.	(А) друг друга (Б) друг с другом (В) друг о друге (Г) друг другу
66	— Рустам, за сколько … ты можешь подготовиться к экзамену?	(А) дни (Б) дней (В) дня (Г) днях
67	— Лида, ты знаешь, … вчера приходил врач?	(А) от кого (Б) с кем (В) к кому (Г) у кого

68	Шахматный турнир пройдёт ... апреля.	(А) третье (Б) на третье (В) третьего (Г) третий
69	Первая женщина-космонавт Валентина Терешкова полетела в космос	(А) в 1963-ьем году (Б) 1963-ьего года (В) 1963-ий год (Г) с 1963-ьего года
70	Экскурсия по Москве состоится	(А) в воскресенье (Б) на воскресенье (В) воскресенье (Г) о воскресенье
71	... пролетели очень быстро.	(А) Выходные дни (Б) В выходные дни (В) По выходным дням (Г) На выходные дни
72	Мать сказала сыну, что он должен вернуться домой не позднее чем	(А) шесть часов (Б) до шести часов (В) к шести часам (Г) в шесть часов
73	Президент фирмы вернётся из командировки	(А) на две недели (Б) через две недели (В) до двух недель (Г) за две недели
74	Электронная техника появилась в каждой семье в конце	(А) XX-ого века (Б) XX-ый век (В) в XX-ом веке (Г) в XX-ый век
75	... в Санкт-Петербурге состоится международный конгресс по экономике.	(А) На весну (Б) Весна (В) Весной (Г) О весне

76	— Виктория, вы опять опоздали на работу … !	(А) за десять минут (Б) на десять минут (В) через десять минут (Г) в течение десяти минут
77	Учебный год в российских университетах заканчивается … .	(А) в июне (Б) на июнь (В) с июня (Г) по июнь

ЧАСТЬ III

Задания 78–127. Выберите правильную форму.

78	Моя младшая сестра всегда радовалась, когда она … хорошие отметки в школе.	(А) будет получать (Б) получала (В) получает (Г) получит
79	Завтра целый день я … доклад на конференцию.	(А) приготовлю (Б) готовлю (В) буду готовить (Г) готовил
80	Мастер закончил … автомобиль.	(А) ремонтирует (Б) ремонтировать (В) ремонтировал (Г) ремонт
81	В этом кафе можно вкусно и недорого … .	(А) пообедал (Б) пообедай (В) пообедать (Г) обедать
82	Степан успел … все задачи в контрольной работе по математике.	(А) решать (Б) решить (В) решай (Г) решил
83	— Коллеги, давайте … наши проблемы завтра.	(А) обсудите (Б) обсудили (В) обсудим (Г) обсуждаем

84	— Лиза, ... мне, пожалуйста, когда ты собираешься приехать.	(А) сообщит (Б) сообщить (В) сообщи (Г) сообщай
85	Лекция ... через 30 минут, а до этого можно пойти выпить кофе.	(А) начнётся (Б) начнёт
86	Семинары по философии ... молодой преподаватель.	(А) проводится (Б) проводит
87	Мне очень ... как можно быстрее решить эту проблему.	(А) хочет (Б) хочется (В) хочу (Г) хотеть
88	Константин быстро ... свои вещи и положил их в чемодан.	(А) собирал (Б) собрал
89	— Тамара, я ... тебе весь вечер. Где ты была?	(А) звонила (Б) позвонила
90	Пока Бана не выучила русский язык, она всегда ... с собой словарь.	(А) брала (Б) взяла
91	Родители ... сыну на день рождения компьютер.	(А) дарили (Б) подарили
92	На вечере Тимур ... со многими интересными людьми.	(А) познакомил (Б) познакомился
93	Лилию с детства ... народная музыка.	(А) интересовала (Б) интересовалась
94	Аспирант, ... сегодня с докладом, скоро будет защищать диссертацию.	(А) выступает (Б) выступит (В) выступающий (Г) выступал
95	Из всех предметов, ... на факультете, больше всего мне нравится русский язык.	(А) изучающих (Б) изучаемых (В) изучивших (Г) изучали
96	Китайский переводчик, ... речь нового президента, хорошо знает русский язык.	(А) переводил (Б) переведённый (В) переводивший (Г) перевёл

97	В России 9 мая, в день Победы, всегда звучит музыка композитора Дмитрия Шостаковича, … в годы Великой Отечественной войны.	(А) создавшая (Б) созданная (В) создана (Г) создал
98	Эти рисунки … талантливыми детьми.	(А) нарисованные (Б) нарисовавшие (В) нарисованы (Г) нарисовали
99	Вы хорошо напишете контрольную работу по математике, … трудные задачи каждый день.	(А) решая (Б) решив
100	… все экзамены в университете досрочно, студенты поехали домой уже в конце мая.	(А) Сдавая (Б) Сдав
101	Осенью в Москве часто … дождь.	(А) ходит (Б) идёт
102	В кинотеатре «Звезда» … интересный фильм.	
103	Каждое утро мой младший брат … в школу.	
104	— Клава, ты не знаешь, куда … эта дорога?	(А) водит (Б) ведёт
105	Дмитрий уже несколько лет … машину.	
106	Сегодня в детский сад сына … его отец.	
107	Экскурсовод часто … туристов по Золотому кольцу России.	(А) возил (Б) вёз
108	Когда Семён … диван из магазина, у него сломалась машина.	
109	Каждое лето отец … детей на море, чтобы они научились плавать и были здоровы.	
110	— Тебе надо быстро … , чтобы успеть на поезд.	(А) бегать (Б) бежать
111	— Дети, нельзя … во время урока.	

112	Чтобы добиться хороших результатов, тренер посоветовал мне … утром на стадионе.	(А) бегать
		(Б) бежать
113	Римма всегда … ноутбук на работу.	(А) носила
114	Мы встретили Юлию, когда она … скрипку на концерт.	(Б) несла
115	Зимой она … длинное пальто и тёплую шапку.	
116	Раньше моя младшая сестра на всё лето … в деревню к бабушке.	(А) уезжала
		(Б) переезжала
117	Когда Анна работала близко от дома, она всегда … до работы за 10 минут.	(В) выезжала
		(Г) доезжала
118	Семья моего друга часто … из города в город.	
119	Раньше небольшие корабли … к самому берегу.	(А) проплывали
		(Б) уплывали
120	Люди на берегу долго смотрели, как мимо них по реке … теплоходы.	(В) подплывали
		(Г) переплывали
121	Мальчишки не раз … через эту небольшую речку.	
122	Футбольный мяч … через футбольное поле.	(А) улетел
		(Б) долетел
123	Воздушный шар … высоко в небо.	(В) пролетел
124	Самолёт … мимо нашего дома.	(Г) перелетел
125	На улицах было мало машин, поэтому брат вовремя … до вокзала.	(А) отъехал
		(Б) переехал
126	Леонид … в новую квартиру.	(В) подъехал
		(Г) доехал
127	Когда Олег … от дома, он вспомнил, что забыл мобильный телефон.	

***Задания 128–129.* Выберите синонимичную форму.**

128	Возвращаясь домой, Ирина встретила свою подругу.	(А) Ирина встретит свою подругу, а потом вернётся домой. (Б) Когда Ирина возвращалась домой, она встретила свою подругу. (В) Ирина встретила свою подругу, а потом вернулась домой. (Г) Ирина встречала свою подругу, когда вернулась домой.
129	Написав письмо родителям, Юрий начал читать детектив.	(А) Юрий писал письмо родителям и читал детектив. (Б) Юрий прочитал детектив, а потом написал письмо родителям. (В) Сначала Юрий написал письмо родителям, а потом начал читать детектив. (Г) Юрий писал письмо родителям, читая детектив.

IV ЧАСТЬ

Задания 130–165. **Выберите правильный вариант.**

130	В аэропорту я встретил брата, … .	(А) которых пригласили принять участие в концерте
131	Артисты, … , исполнили свои лучшие песни.	(Б) с которой нас познакомили после концерта
132	Известную певицу русских народных песен, … , зовут Надежда Бабкина.	(В) от которого недавно получил письмо (Г) которые не смогли приехать на концерт из-за болезни

133	На родине у меня много друзей, которые … .	(А) писали во всех газетах (Б) меня пригласил мой друг
134	Космонавт, о котором … , вчера вечером выступил по телевидению.	(В) часто звонят мне по телефону
135	Фотовыставка, на которую … , проходила в Центральном доме художника в Москве.	(Г) исполняли по радио

136	Моя мама любит смотреть фильмы, … играют ее любимые артисты.	(А) с которыми (Б) в которых
137	Девушки, … мы познакомились, учатся на первом курсе.	(В) к которым (Г) на которые
138	На экзамене профессор задал студенту несколько вопросов, … он, к сожалению, не смог ответить.	

139	Концерт уже закончился, … зрители не уходили и продолжали аплодировать артистам.	(А) хотя (Б) то
140	… шёл дождь, путешественники не останавливались и шли дальше.	(В) несмотря на (Г) но
141	… все трудности жизни и учёбы в Москве, студентка сдала экзамены успешно.	

142	Когда моя сестра звонит мне по телефону, мы всегда долго … .	(А) разговаривали (Б) будем разговаривать (В) разговариваем (Г) говорим
143	Летом мы часто ходим … грибами.	(А) за (Б) чтобы (В) для (Г) по
144	На стадионе собрались спортсмены … участия в соревнованиях.	
145	Маленькая девочка заплакала … боли.	(А) благодаря (Б) от (В) из-за (Г) потому что
146	Спортсмен выиграл соревнования, … долго и упорно тренировался.	
147	Много людей погибло … сильного землетрясения.	
148	… дети были маленькие, их воспитывала бабушка.	(А) как только (Б) пока (В) пока не (Г) так
149	— Эльза, вам надо повторить грамматику, … началась контрольная работа.	
150	— Светлана, … придёшь домой, позвони мне, пожалуйста.	
151	Николай хорошо выучил французский язык, … жил в Париже.	(А) После того как (Б) Прежде чем (В) Когда (Г) Во время
152	— Серёжа, … решишь жениться, ещё раз серьёзно подумай.	
153	… нашей экскурсии по Кремлю пошёл сильный дождь.	
154	Я не успел на поезд, … на дороге были пробки, когда я ехал на вокзал.	(А) из-за того что (Б) благодаря тому что
155	… больной выполнял все рекомендации врача, он быстро выздоровел.	

156	Студент не смог хорошо подготовиться к экзамену, … он долго болел.	(А) из-за того что (Б) благодаря тому что
157	Родители мечтали, … .	(А) будет ли Никита поступать на факультет журналистики
158	Мой друг хотел … .	(Б) чтобы их сын поступил на факультет журналистики
159	— Лиза, как ты думаешь, … ?	(В) поступить на факультет журналистики (Г) поступает на факультет журналистики
160	… Ярослав купил билеты в цирк, я с удовольствием пошёл бы с ним туда.	(А) Если (Б) Если бы
161	… Ярослав купит билеты в цирк, я с удовольствием пойду с ним туда.	
162	… Аркадий успел подготовить доклад, он бы выступил сегодня на конференции.	
163	— Скажите, пожалуйста, … здесь почта?	(А) куда (Б) как
164	— Глеб, ты не видел, … я положил часы?	(В) где (Г) когда
165	— Паша, не забудь купить сахар, … пойдёшь в магазин.	

Субтест 2
ЧТЕНИЕ

Инструкция к выполнению теста

Время выполнения теста — 50 минут.

При выполнении теста можно пользоваться словарём.

Тест состоит из 3 текстов, 20 тестовых заданий и матрицы.

Напишите ваше имя и фамилию, страну, дату тестирования на матрице.

Выберите правильный вариант и отметьте соответствующую букву в матрице. Например:

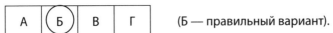 (Б — правильный вариант).

Если вы ошиблись и хотите исправить ошибку, сделайте так:

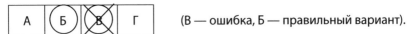 (В — ошибка, Б — правильный вариант).

Отмечайте правильный выбор только в матрице, в тесте ничего не пишите (проверяется только матрица).

Задания 1–6. Прочитайте текст 1 — фрагмент из книги «Самые известные российские праздники». Выполните задания после него.

ТЕКСТ 1

МАСЛЕНИЦА

Масленица — традиционный русский праздник, во время которого взрослые и дети символически прощаются с зимой и встречают весну. Люди в России всегда очень ждали весну и радовались солнцу, тёплой погоде после холодной и долгой зимы. Кроме того, приход весны означал начало сельскохозяйственных работ в деревне. К этому празднику все с удовольствием готовились: хозяйки убирали во дворе и в доме, готовили не только ежедневную деревенскую еду — щи и кашу, но и праздничные блюда.

По старому русскому обычаю каждая семья праздновала Масленицу всей семьёй. В эти дни женщины готовили блины. Гости и хозяева ели блины с икрой, со сметаной, с маслом, с яйцами, творогом, сыром. Почему именно блины? Потому что блин — круглый, он похож на солнце, а все ждали весну, тепло и, конечно, солнце.

В этот праздник взрослые и дети катались на лошадях и с ледяных гор, которые специально делали к Масленице. На улицах и площадях строили качели, клоуны веселили народ, а люди танцевали и пели.

В старой Москве Масленицу праздновали в центре города, так как там были большие ворота, которые назывались «красные», то есть красивые. На этом месте в Москве сейчас находится станция метро, которая называется «Красные ворота». Говорят, что царь Пётр I здесь сам открывал масленичное гуляние и качался с москвичами на качелях.

Праздник продолжался целую неделю, семь дней.

Интересно, что каждый день масленичной недели имеет своё название. Понедельник — встреча: пора встречать гостей. На горе ставили куклу (чучело) Масленицы. Вторник — заигрыши, потому что и взрослые, и дети играли в разные игры, катались на санях с гор, парни присматривали себе невест, получали приглашение на блины. Среда — лакомка. В этот день хозяйки пекли блины с разными вкусными приправами. Четверг — самый большой праздник на масленичной неделе, который назывался «широкая Масленица». В пятницу ходили на блины к тёще, а в субботу навещали сестёр мужа. Воскресенье — Прощёный день. В этот день люди ходили друг к другу в гости и просили прощения у родных, соседей и друзей, если случайно обидели кого-то в течение года. Эта традиция живёт и в наши дни. В воскресенье вечером чучело (куклу) Масленицы сжигали на большом костре, а пепел разбрасывали по полям, чтобы дать силу будущему урожаю. Люди считали, что зима закончилась и пришла весна. А после широкой Масленицы у христиан начинался строгий Великий пост. 7 недель теперь нельзя будет есть ни мяса, ни рыбы, ни масла.

Проходят века, но в России по-прежнему любят и встречают Масленицу блинами. Конечно, сейчас этот праздник не продолжается целую неделю, но, как и раньше, люди празднуют субботу и воскресенье на масленичной неделе. Они обязательно просят прощения за все обиды у родных и друзей в Прощёное воскресенье.

Когда русские приглашают вас на блины, соглашайтесь и идите в гости. Но попробовать блины на масленичной неделе можно не только в гостях, но и в кафе или в ресторане, а также на улице, в любом большом парке, на рынке или на ярмарке. Побывайте на этом празднике, и вы поймёте смысл русской поговорки: «Не житьё, а Масленица!» Есть и другая пословица у русских: «Не всё коту масленица!» — так говорят, когда после незаслуженно хорошей жизни приходят трудные времена.

Выберите вариант, который наиболее полно и точно отражает содержание текста.

1. Масленица — традиционный русский праздник, во время которого люди с нетерпением ждут прихода … .
(А) зимы
(Б) весны
(В) осени

2. По старой русской традиции на Масленицу обычно … .
(А) пекут блины
(Б) готовят щи
(В) варят кашу

3. В Москве во времена Петра I Масленицу праздновали … .
(А) в кафе и ресторане
(Б) на станции метро «Красные ворота»
(В) в центре Москвы, у Красных ворот

4. Праздник продолжался … .
(А) всю весну
(Б) целый день
(В) одну неделю

5. Люди просили прощения друг у друга в … .
(А) воскресенье
(Б) четверг
(В) среду

6. «Не всё коту масленица!» — говорят люди, когда … .
(А) у кого-то после сладкой жизни вдруг начались проблемы
(Б) после работы нужно отдыхать
(В) можно не работать, а только отдыхать

Задания 7–15. Прочитайте текст 2 — рассказ одной учительницы из Москвы. Выполните задания после него.

ТЕКСТ 2
РАССКАЗ УЧИТЕЛЬНИЦЫ

Я родилась в Москве. Мой отец инженер, а мать работала бухгалтером. Меня с детства приучили к чтению, правда, потом ругали, что я читаю по ночам. Самым моим любимым занятием в детстве была игра в учительницу: я преподавала своим куклам. После школы я поступила в Московский государственный университет имени М.В. Ломоносова, на филологический факультет, на отделение английского языка. Это был самый счастливый день в моей жизни.

После университета я преподавала английский язык на курсах, для взрослых, но эта работа не очень нравилась мне, и я начала работать переводчиком в конструкторское бюро. Это было совсем скучно, и я решила пойти преподавать английский язык в школу. Только там я почувствовала себя на своём месте.

Два раза я была замужем и два раза разводилась. Мне не удалось в жизни встретить человека более сильного, чем я. Характер у меня сильный, но тяжёлый. Многое в людях мне не нравится, но это не относится к детям. Детей я очень люблю. В школе, когда я утром слышу сто раз: «Здравствуйте, Татьяна Леонидовна!» — слышу звонок, а потом шум класса, у меня улучшается настроение.

Как я уже сказала, я преподаю английский. Но преподавание языка для меня не главное. Главное — воспитание детей, их общее образование. Моя задача — показать детям наш огромный мир. Мне нравится ездить со школьниками на экскурсии в разные города и страны, ходить с ними в театры, музеи, на выставки. Недавно мы путешествовали по Подмосковью. Какие красивые места! Какая природа! Иногда какой-нибудь ученик говорит: «Я на экскурсию не пойду». А я ему говорю: «Нет, обязательно пойдёшь, будешь смотреть и думать». Я люблю, чтобы всё было по-моему, и часто говорю детям: «Я — за диктатуру». Они смеются.

По школьным правилам, один раз в месяц мы должны проводить классные собрания. Мы их проводим, но в эти часы я читаю детям хорошую английскую литературу, потому что многие из них не знают писателя Ч. Диккенса, не читали «Джейн Эйр», «Алису в стране чудес». Они говорят, что видели мультик про Алису, поэтому читать это произведение не нужно. Но я им читаю, а они внимательно слушают.

В обычной жизни я борюсь с детским меркантилизмом. Что это такое? Объясняю. Очень часто сейчас у детей деньги на первом месте. Я пытаюсь объяснить им, что не в деньгах счастье. «Да, — соглашаются они, — не в деньгах счастье, но счастье в количестве денег. Чем больше денег, тем больше счастья». Так, к сожалению, считают многие школьники. Я рассказываю им, что раньше богатые люди делали много добрых дел для простых бедных людей, для России. Они были настоящими патриотами: отдавали всё для благополучия своей родины. Я хочу показать детям, что мы, русские, очень хорошие люди. А они мне про Америку говорят! Ну как воспитать в них любовь к родине, к нашей несчастной, но такой прекрасной России?!

Но вообще я не могу сказать о своих учениках ничего плохого. Они хорошие, добрые ребята.

Скоро в нашей школе будет праздник. Он называется «Последний звонок». Последний звонок для тех, кто заканчивает школу. У меня в этом году выпускной класс. Что это значит? В этом году, в июле, мои ученики окончат школу и получат аттестат о среднем образовании. Семь лет назад я начала учить этих детей, стала у них классным руководителем — руководителем класса. Я взяла их, когда они окончили начальную школу, четвёртый класс, и была с ними до окончания школы. У меня уже было несколько таких классов, то есть несколько раз я был классным руководителем.

Мне нравятся мои первые ученики, которым сейчас 40 лет. Они окончили школу до перестройки и почти все закончили институты и университеты. Мне легко и интересно с ними общаться и поддерживать контакты. Мы близки с ними по интересам, по характеру.

Те ученики, кому сейчас 30 лет, учились во время перестройки. Они стали в основном бизнесменами. У них есть деньги, свои машины, дома, дачи, они открыли магазины. Но, к сожалению, искусство, книги, музыка их не интересуют.

Выпускники этого года, к счастью, совсем другие. Я рада, что у них опять появился интерес к русской истории и к русской культуре. Значит, моя работа была не напрасна. Значит, я не напрасно учила их семь лет, не напрасно отдавала им свои знания, душу и сердце.

Выберите вариант, который наиболее полно и точно отражает содержание текста.

7. Любимым занятием в детстве маленькой девочки Тани была игра … .
    (А) в инженера
    (Б) в бухгалтера
    (В) в учительницу

8. После университета молодая девушка Татьяна почувствовала себя на своём месте только … .
    (А) в конструкторском бюро
    (Б) в школе
    (В) на курсах, где преподавала английский язык взрослым

9. Татьяна … .
    (А) ни разу не была замужем
    (Б) после развода вышла замуж ещё раз
    (В) два раза выходила замуж и два раза разводилась

10. Татьяну Леонидовну … .
    (А) раздражает многое в людях, но это не относится к детям, которых она очень любит
    (Б) трудно рассердить, потому что у неё лёгкий характер
    (В) всегда беспокоят школьные звонки и шум в классе

11. Главное в жизни Татьяны Леонидовны … .
    (А) преподавание английского языка
    (Б) проведение классных собраний
    (В) воспитание детей и их общее образование

12. Во время классных собраний в школе Татьяна Леонидовна … .
    (А) показывает детям мультфильмы
    (Б) читает ребятам хорошую английскую литературу
    (В) рассказывает о путешествиях по Подмосковью

13. В обычной жизни Татьяна Леонидовна … .

(А) пытается объяснить детям, что они не должны быть меркантильными

(Б) часто повторяет, что люди тогда счастливы, когда у них много денег

(В) не воспитывает детей

14. Скоро выпускной класс Татьяны Леонидовны … .

(А) будет отмечать «Последний звонок»

(Б) поедет в Америку

(В) пойдёт на экскурсию

15. Татьяна Леонидовна считает, что её работа была не напрасна, потому что … .

(А) все её ученики всегда поддерживают с ней связь

(Б) у её учеников, которые учились во время перестройки, появились свои машины, дома, дачи, магазины

(В) у её учеников появился интерес к русской истории и русской культуре

Задания 16–20. Прочитайте текст 3 — фрагмент из биографии великого русского композитора Петра Ильича Чайковского. Выполните задания после него.

ТЕКСТ 3

Музыку русского композитора Петра Ильича Чайковского знают все. Во всём мире любители музыки восхищаются его операми, балетами и симфоническими произведениями. П.И. Чайковский — один из величайших композиторов мира. С 1958 года в России в Москве каждые два года проводится Международный конкурс музыкантов, который носит его имя.

П.И. Чайковский родился 25 апреля 1840 года в небольшом городе Воткинске на Урале, где его отец работал горным инженером на заводе. По вечерам в доме собирались его коллеги и друзья, которые очень любили музыку. Отец П.И. Чайковского играл на флейте, а мама пела. Музыкальные способности мальчика проявились очень рано. Маленький Пётр уже с пяти лет любил «фантазировать» на рояле. Потом Пётр Ильич говорил, что сочинять он стал с тех пор, как узнал музыку. Звуки музыки в детстве он слышал везде, даже когда было тихо. Из воспоминаний П.И. Чайковского о своём детстве известно, как однажды вечером гувернантка увидела его в слезах. «О, эта музыка!.. Она у меня здесь, здесь, — кричал и плакал будущий композитор, показывая на голову, — она не даёт мне покоя».

Однако родители хотели, чтобы их сын стал юристом. И после окончания гимназии его отдали учиться в Петербургское училище правоведения, которое он окончил в 1859 году. Получив диплом юриста, он начал работать в Министерстве юстиции. Но в 1862 году П.И. Чайковский ушёл со службы и поступил в Петербургскую консерваторию, где начал учиться сочинять музыку. За три года П.И. Чайковский прошёл весь курс и окончил консерваторию с золотой медалью, а в 1866 году он переехал в Москву, где стал преподавателем Московской консерватории. П.И. Чайковский преподавал в консерватории и писал музыку.

Уже в это время появилось несколько произведений, которые принесли Чайковскому известность. В музыкальном мире о нём стали говорить как о самом большом музыкальном таланте современной России. В том же году П.И. Чайковский начал писать свою первую симфонию «Зимние грёзы», премьера которой состоялась в 1868 году. Успех был фантастическим. В этом произведении он показал себя гениальным последователем русского композитора М.И. Глинки, развивавшего русские национальные традиции в музыке.

В 1868 году П.И. Чайковский впервые услышал в театре известную итальянскую певицу Дезире Арто, приехавшую в Москву на гастроли. Она произвела на него сильное впечатление. И Пётр Ильич первый раз в жизни страстно влюбился. Он посвящал этой женщине свои новые произведения. П.И. Чайковский даже предложил Арто стать его женой, и она приняла его предложение. Однако друзья композитора были против этого брака: они боялись, что Пётр Ильич перестанет заниматься музыкой, а будет только ездить с женой по всему миру, где она будет выступать. Они прекрасно понимали, что эта знаменитая певица никогда не согласится жить в России. Неизвестно, что стало причиной неожиданного решения Арто, но через некоторое время она отказалась от предложения П.И. Чайковского и вышла замуж за испанского певца. Только большая и напряжённая работа помогла композитору пережить эту личную трагедию.

Весной 1875 года П.И. Чайковский начал работать над балетом «Лебединое озеро», премьера которого состоялась в Москве, в Большом театре, 29 февраля 1877 года. «Лебединое озеро» критики называли «симфонией в балете», так как этот балет отличался прекрасным сочетанием танца и музыки. Одновременно с работой над балетом композитор начал писать цикл пьес для фортепиано, который назывался «Времена года».

В это время в творчестве П.И. Чайковского появляются грустные мотивы. По словам композитора, работа в консерватории отнимала у него «самое драгоценное в жизни»: время для собственного творчества. Он хотел свободы, чтобы полностью посвятить себя музыке. Для этого надо было уходить из консерватории, но без работы у него не было денег на жизнь. П.И. Чайковский писал друзьям: «Мне кажется, что я… начинаю повторять себя… Неужели дальше я не пойду?..»

Композитор решил изменить свою жизнь и неожиданно для всех женился на женщине, которая была ему чужой и по характеру, и по интересам. Его жена не только не понимала его, но и мешала ему работать. В 1877 году в тяжёлом психическом состоянии Чайковский уехал от жены за границу. Но, несмотря на душевный кризис, в этом году он много работал и создал два знаменитых сочинения: Четвёртую симфонию и оперу «Евгений Онегин».

В 1878 году композитор решил ещё одну важную проблему. После 12 лет преподавательской работы он ушёл из консерватории. Это решение он принял по совету Надежды фон Мекк, «своего лучшего друга», как он всегда говорил о ней. Их необычную дружбу называли романом в письмах. Они никогда не видели друг друга и много лет общались только в письмах.

Надежда фон Мекк, вдова-миллионерша, очень любила творчество П.И. Чайковского. В своих письмах к фон Мекк Пётр Ильич рассказывал о себе, о своём творчестве, обо всём, что волновало его. Надежда фон Мекк так любила музыку П.И. Чайковского, так понимала его проблемы, что решила помогать ему деньгами. Теперь композитор не только сочинял музыку, но и много путешествовал, долго жил за границей. Его творческие интересы стали разнообразнее, ещё более выросло его мастерство. В этот период он написал много известных музыкальных произведений. Имя П.И. Чайковского стало известным во всём мире. В 1893 году он с огромным успехом выступал в США, в Англии, в Кембриджском университете, где сам исполнял свои произведения.

Между выступлениями и путешествиями П.И. Чайковский часто бывал в Москве. Он проводил много времени в подмосковном городе Клин.

Там были написаны его лучшие произведения последних лет, среди которых были симфонии, оперы, балеты, романсы.

В конце жизни П.И. Чайковский сам начал дирижировать. Он дирижировал оркестром, когда впервые в Петербурге исполняли его Шестую симфонию. А через несколько дней, 25 октября 1893 года, он неожиданно умер.

П.И. Чайковский оставил после себя огромное музыкальное наследие, которое стало частью мировой культуры.

Выберите вариант, который наиболее полно и точно отражает содержание текста.

16. Данному тексту наиболее точно соответствует название … .
(А) «Жизнь и творчество великого музыканта»
(Б) «Любовь в жизни П.И. Чайковского»
(В) «Шестая симфония П.И. Чайковского»

17. Родители П.И. Чайковского хотели, чтобы их сын … .
(А) работал горным инженером
(Б) получил профессию юриста
(В) поступил в консерваторию

18. В 1866 году П.И. Чайковский … .
(А) работал преподавателем в Московской консерватории
(Б) начал работать юристом в Министерстве юстиции
(В) поступил в Петербургскую консерваторию

19. Лучшим другом, помогавшим П.И. Чайковскому в трудные для него времена, была … .
(А) Надежда фон Мекк
(Б) его жена
(В) итальянская певица Дезире Арто

20. Когда впервые в Петербурге исполняли Шестую симфонию, П.И. Чайковский … .
(А) сам дирижировал оркестром
(Б) слушал её вместе со зрителями в зале
(В) играл на рояле вместе с оркестром

Субтест 3
АУДИРОВАНИЕ

Инструкция к выполнению теста

Время выполнения теста — 35 минут.

При выполнении теста пользоваться словарём нельзя.

Тест состоит из 6 частей, 30 заданий к ним и матрицы.

Напишите ваше имя и фамилию, страну, дату тестирования на матрице.

Вы прослушаете 6 аудиотекстов. Все аудиотексты звучат один раз. После прослушивания текста выберите правильный вариант и отметьте соответствующую букву в матрице. Например:

   (Б — правильный вариант).

Если вы ошиблись и хотите исправить ошибку, сделайте так:

   (В — ошибка, Б — правильный вариант).

Отмечайте правильный выбор только в матрице, в тесте ничего не пишите (проверяется только матрица).

Задания 1–5. Прослушайте аудиотекст 1 — статью из газеты «Здоровье». Постарайтесь понять, какую роль играет спорт в жизни людей. Выполните задания к аудиотексту.

Время выполнения задания — до 5 минут.

Слушайте текст 1
(Звучат аудиотекст 1 и задания к нему.)

1. Несколько лет назад в России самым популярным видом спорта был … .

    (А) волейбол
    (Б) футбол
    (В) баскетбол

2. Обычно человек начинает заниматься спортом, когда … .

(А) учится в школе

(Б) работает на заводе

(В) учится в университете

3. Самое большое влияние на решение детей заниматься спортом оказывают … .

(А) передачи по радио и телевидению, Интернет

(Б) советы родителей

(В) спортивные газеты и журналы

4. … школьников ответили, что они начали заниматься спортом по совету родителей.

(А) 77%

(Б) 5%

(В) 7%

5. В анкете большинство учеников отметили, что средства массовой информации стали главной причиной того, что они начали … .

(А) заниматься спортом

(Б) учиться в университете

(В) ходить на уроки физкультуры

Задания 6–10. **Прослушайте аудиотекст 2 — фрагмент из биографии Софьи Ковалевской. Постарайтесь понять, кем была эта женщина и о каких событиях из её жизни рассказывается в данном аудиотексте. Выполните задания к аудиотексту.**

Время выполнения задания — до 5 минут.

Слушайте аудиотекст 2
(Звучат аудиотекст 2 и задания к нему.)

6. Софья Ковалевская родилась … .

(А) в Петербурге

(Б) в Москве

(В) в Берлине

7. Софья Ковалевская уехала в Германию для того, чтобы ... .
(А) писать стихи
(Б) учиться в гимназии
(В) изучать математику в университете

8. Софья Ковалевская вернулась в Россию и хотела работать ... .
(А) в гимназии
(Б) дома
(В) в университете

9. Когда у Софьи Ковалевской не было работы, она ... .
(А) писала стихи и романы
(Б) занималась математикой со своей любимой ученицей
(В) помогала профессору своими советами

10. Софья Ковалевская была не только талантливым математиком, но и интересным ... .
(А) философом
(Б) преподавателем
(В) писателем

Задания 11–15. **Прослушайте аудиотекст 3 — фрагмент статьи об известных русских сувенирах. Постарайтесь понять, о каком русском сувенире рассказывается в передаче. Выполните задания к аудиотексту.**

Время выполнения задания — до 10 минут.

Слушайте аудиотекст 3
(Звучат аудиотекст 3 и задания к нему.)

11. В тексте говорится об истории создания ... .
(А) японского сувенира
(Б) французской игрушки
(В) русского сувенира

12. Идея создания игрушки связана ... .
(А) с Россией
(Б) с Японией
(В) с Францией

13. Игрушка очень понравилась Александре Мамонтовой, и она сделала другую, которая была похожа на … .
    (А) русского бизнесмена
    (Б) японскую куклу
    (В) молодую русскую девушку

14. Куклу стали называть матрёшкой, потому что … .
    (А) так звали жену известного русского бизнесмена
    (Б) Матрёна — самое популярное русское имя
    (В) она была похожа на девушку по имени Матрёна

15. Самую большую матрёшку сделали … .
    (А) в 1900 году
    (Б) недавно
    (В) около ста лет назад

***Задания 16–20.* Прослушайте аудиотекст 4 — разговор двух студентов, Лены и Виктора. Вы должны понять, что они обсуждали и о чём договорились. Выполните задания к аудиотексту.**

Время выполнения задания — до 5 минут.

Слушайте аудиотекст 4
(Звучат ауиотекст 4 и задания к нему.)

16. Скоро … будет день рождения.
    (А) у Лены
    (Б) у Виктора
    (В) у Нины

17. Лена … .
    (А) сдаёт сегодня последний экзамен
    (Б) завтра сдаёт экзамен по истории
    (В) сдала все экзамены

18. Лена хочет подарить подруге … .
    (А) компьютерную игру
    (Б) цветы
    (В) картину

19. Виктор прекрасно … .
  (А) играет в компьютерные игры
  (Б) сдаёт экзамены
  (В) рисует

20. Молодой человек решил подарить девушке … .
  (А) картину
  (Б) книгу
  (В) цветы

Задания 21–25. **Прослушайте аудиотекст 5 — разговор пассажира с кассиром на вокзале. Постарайтесь понять, о чём спрашивал пассажир кассира. Выполните задания к аудиотексту.**

Время выполнения задания — до 5 минут.

Слушайте аудиотекст 5
(Звучат аудиотекст 5 и задания к нему.)

21. Поезд из Москвы в Киев отправляется … .
  (А) каждый вторник
  (Б) только двадцатого августа
  (В) каждый день

22. Пассажир купил … билета.
  (А) четыре
  (Б) три
  (В) два

23. Он купил билеты на поезд … .
  (А) номер 4
  (Б) номер 2
  (В) номер 19

24. Пассажир купил билеты на … .
  (А) четвёртое августа
  (Б) восемнадцатое августа
  (В) двадцатое августа

25. Поезд, на который купил билеты пассажир, отправляется … .
    (А) в 19 часов
    (Б) в 20 часов
    (В) в 18 часов

Задания 26-30. **Прослушайте аудиотекст 6 — фрагмент интервью с Ольгой Ивановной. Постарайтесь понять, кто такая Ольга Ивановна, кем она была раньше и кем она работает сейчас. Выполните задания к аудиотексту.**

Время выполнения задания — до 5 минут.

Слушайте аудиотекст 6
(Звучат аудиотекст 6 и задания к нему.)

26. Ольга Ивановна победила в конкурсе … .
    (А) «Лучший переводчик года»
    (Б) «Лучший учитель года»
    (В) «Лучший преподаватель года»

27. После института Ольга Ивановна работала переводчицей … .
    (А) в фирме
    (Б) в университете
    (В) в школе

28. Ольга Ивановна преподает … .
    (А) английский язык
    (Б) французский язык
    (В) испанский язык

29. Сейчас Ольга Ивановна работает … .
    (А) в университете
    (Б) в школе
    (В) в фирме

30. Ольга Ивановна знала не только английский, но и …
    (А) испанский язык
    (Б) французский язык
    (В) французский и испанский языки

Звучащие материалы к субтесту 3
АУДИРОВАНИЕ

Задания 1–5. **Прослушайте аудиотекст 1 — статью из газеты «Здоровье». Постарайтесь понять, какую роль играет спорт в жизни людей. Выполните задания к аудиотексту.**

АУДИОТЕКСТ 1

Спорт — это здоровье. В России спортом занимаются везде: в детских садах, в школах, в университетах, в институтах, на заводах и фабриках. Известно, что каждый шестой человек занимается спортом.

Раньше самым массовым видом спорта был волейбол. Сейчас в России ситуация немного изменилась, и волейбол теперь не самая популярная игра. Многие играют в футбол, в баскетбол, в теннис, в хоккей.

Когда начинают заниматься спортом? Обычно это бывает ещё в детстве, в школе.

А что влияет на решение детей заниматься спортом? Семья? Советы родителей? Или школа, где есть обязательные уроки физкультуры два раза в неделю? Или и то и другое?

Учёные заинтересовались этой проблемой. Они попросили школьников ответить на вопросы анкеты и получили неожиданные результаты. Стало ясно, что советы родителей не оказывают большого влияния на выбор вида спорта их детьми. Только 5 % школьников ответили, что они начали заниматься спортом по совету родителей.

Самое большое влияние на учеников оказали спортивные программы по радио и телевидению, информация из Интернета. 77 % учеников сказали, что именно эти средства массовой информации были главной причиной того, что они начали заниматься спортом.

Другая причина — чтение спортивных газет и журналов.

***Задания 6–10.* Прослушайте аудиотекст 2 — фрагмент из биографии Софьи Ковалевской. Постарайтесь понять, кем была эта женщина и о каких событиях из её жизни рассказывается в данном аудиотексте. Выполните задания к аудиотексту.**

АУДИОТЕКСТ 2

Софья Ковалевская родилась в Москве. Ещё в детстве она начала писать стихи и хотела стать поэтом, но скоро родители поняли, что у девочки необыкновенные математические способности. После окончания гимназии Ковалевская хотела продолжать заниматься математикой, но в то время в России женщин в университет не принимали, поэтому она уехала учиться в Берлин, в Германию.

Однажды вечером в дом известного немецкого профессора математики пришла молодая девушка и попросила учёного давать ей уроки математики. Это была Софья Ковалевская. Профессор согласился. Она стала его любимой ученицей. Четыре года он давал ей уроки математики и помогал своими советами.

В 1874 году Софья Ковалевская окончила университет, получила степень доктора философии, а потом вернулась в Россию. Она хотела работать преподавателем в Петербургском университете. Но путь в науку в России для женщины в то время был закрыт. Софья Ковалевская опять уехала в Европу, но и там женщине-математику было трудно найти преподавательскую или научную работу.

Несколько лет она не работала, писала книги, статьи, стихи, романы и повести.

Софья Ковалевская была не только талантливым математиком, но и интересным писателем. Она написала прекрасные стихи, интересные драмы и повести. Софья Ковалевская умерла рано, когда ей был только 41 год.

Задания 11–15. Прослушайте аудиотекст 3 — фрагмент радиопередачи об известных русских сувенирах. Постарайтесь понять, о каком русском сувенире рассказывается в передаче. Выполните задания к аудиотексту.

АУДИОТЕКСТ 3

Если мы говорим о самых известных русских сувенирах, то мы обычно называем матрёшку. Но не все знают, что эта игрушка появилась в России в конце XIX века и что матрёшка имеет очень интересную историю. А случилось это так.

Жене известного русского бизнесмена Александра Мамонтова знакомые привезли из Японии необычную игрушку. Это была кукла, похожая на японца, а в ней находились такие же фигурки, но меньшие по размеру.

Женщине очень понравилась оригинальная японская игрушка, и она решила сделать похожую игрушку, но в русском стиле: куклу в виде фигурки молодой девушки в русском национальном костюме.

Когда кукла была готова, кто-то из друзей Александры Мамонтовой сказал: «Ой! Ну, настоящая наша Матрёна, Матрёнушка!» Фигурка действительно была похожа на девушку, которая в то время работала у Мамонтовой и которую звали Матрёна.

После этого случая игрушку стали называть матрёшкой.

В 1900 году во Франции, в Париже, на выставке русская матрёшка была награждена золотой медалью. С тех пор её любят и знают во всех странах мира и считают русским сувениром.

Недавно был установлен рекорд: в маленьком русском городе Семёнове, где давно занимаются народными ремёслами, сделали самую большую матрёшку, в которой находится 56 кукол. Рост первой куклы — один метр, а последняя матрёшка — меньше чем один сантиметр.

Задания 16–20. **Прослушайте аудиотекст 4 — разговор двух студентов, Лены и Виктора. Постарайтесь понять, что они обсуждали и о чём договорились. Выполните задания к аудиотексту.**

АУДИОТЕКСТ 4

(диалог)

— Алло! Я вас слушаю.

— Здравствуй, Виктор! Это Лена. Как дела?

— Привет, Лена. Все хорошо. Сдал все экзамены. А ты как? Всё сдала?

— Нет, остался последний экзамен по истории. Потом летняя сессия закончится, и можно будет отдохнуть. Виктор, я решила тебе позвонить, потому что скоро у Нины день рождения. Ты помнишь, она нас пригласила? Что ты собираешься подарить ей?

— Я ещё не решил. Может быть, книгу или цветы. А что подаришь ей ты, Лена?

— Я хочу подарить интересную компьютерную игру.

— Какую?

— Секрет.

— Хорошо, я не буду спрашивать. Лена, посоветуй мне, что я могу подарить Нине?

— Виктор, обычно люди в день рождения очень ждут внимания и любви. Ты же прекрасно рисуешь. Подари Нине свою картину.

— Правильно, я так и сделаю, подарю ей красивую картину.

Задания 21–25. **Прослушайте аудиотекст 5 — разговор пассажира с кассиром на вокзале. Постарайтесь понять, о чём спрашивал пассажир кассира. Выполните задания к аудиотексту.**

АУДИОТЕКСТ 5

(диалог)

— Здравствуйте! Мне нужно 2 билета на поезд «Москва — Киев».

— Из Москвы в Киев идут два поезда: поезд номер 4 вечером и поезд номер 19 утром.

— А по каким дням они отправляются?

— Ежедневно.

— Дайте, пожалуйста, два билета на поезд номер четыре на вторник, на двадцатое августа.

— Какой вагон вы хотите? Общий?

— Нет, купейный, пожалуйста.

— Хорошо. Возьмите билеты. Поезд номер 4 отправляется двадцатого августа, во вторник, с Киевского вокзала в 18 часов, вагон номер 3, места — первое и второе.

— Большое спасибо!

— Пожалуйста!

Задания 25–30. Прослушайте аудиотекст 6 — фрагмент интервью с Ольгой Ивановной. Постарайтесь понять, кто такая Ольга Ивановна, кем она была раньше и кем она работает сейчас. Выполните задания к аудиотексту.

АУДИОТЕКСТ 6

(диалог)

— Добрый день, Ольга Ивановна! Меня зовут Олег. Я журналист и работаю в журнале «Школа».

— Здравствуйте, Олег! Очень приятно.

— Я знаю, что вы победили в конкурсе «Лучший учитель года». Могу я взять у вас интервью?

— Да. Пожалуйста. Я с удовольствием отвечу на все ваши вопросы.

— Ольга Ивановна, вы любите свою работу?

— Очень люблю.

— Вы стали преподавать английский язык в школе сразу после университета?

— Нет, не сразу. Сначала я работала в фирме переводчицей, так как я знала ещё французский и испанский языки. Потом я оттуда ушла и стала преподавать английский язык в школе.

— А почему вы ушли из фирмы? Вам не нравилась работа?

— Нет, работа мне нравилась, но однажды соседи попросили меня позаниматься с их детьми английским языком. Мне очень понравилось заниматься с детьми. Так я начала преподавать. Поэтому я решила работать в школе.

— Ольга Ивановна, вы не жалеете, что ушли из фирмы?

— Нет. Мне очень нравится моя работа.

— Рад был с вами познакомиться. Желаю дальнейших успехов в вашей работе!

— Спасибо, Олег. До свидания!

— До свидания!

Субтест 4
ПИСЬМО

Инструкция к выполнению теста

Время выполнения теста — 60 минут.
При выполнении теста можно пользоваться словарём.
Тест состоит из 2 заданий.

Задание 1. Вас интересуют проблема изменения климата на Земле. Прочитайте текст и письменно изложите свою точку зрения по следующим вопросам:

1. Изменился ли климат на нашей планете в последние сто лет?

2. Как учёные объясняют тот факт, что прогнозируемое потепление на Земле будет иметь отрицательные результаты для всей планеты?

3. Почему некоторые учёные считают, что повышение температуры воздуха на нашей планете не является опасностью для населения Земли?

4. На что влияет повышение уровня воды Мирового океана?

5. Как вы думаете, почему учёных беспокоит проблема глобального потепления на Земле?

6. Как вы считаете, оправданно ли мнение учёных о будущих глобальных катастрофах на Земле? Что необходимо сейчас делать людям, чтобы этого не случилось?

ВЛИЯНИЕ КЛИМАТА НА БУДУЩЕЕ ЗЕМЛИ

Сегодня много говорят и пишут об изменении климата на планете, о глобальном потеплении на Земле. В XX–XXI веках происходит процесс постепенного увеличения среднегодовой температуры атмосферы Земли и Мирового океана.

Одни учёные считают, что прогнозируемое потепление будет иметь отрицательные результаты для всей планеты. Они говорят, что повышение температуры разрушает погодную систему, а это приводит к частым засухам, ураганам, сильным дождям и наводнениям, которые уже стали причиной гибели более 100 тысяч человек. Например, в 1998 году в результате таяния снега погибли 4000 человек в Китае, 1400 — в Индии, 1000 — в Пакистане, 1300 — в Бангладеш. Урожай сельскохозяйственных культур в этих странах уменьшается из-за изменений количества атмосферных осадков. Местному населению не хватает продовольствия, возрастает миграция населения, возникают разные болезни. Учёные также считают, что из-за повышения температуры воздуха начнут таять льды в Арктике, поднимется уровень воды Мирового океана и погибнут острова в Тихом океане, они уйдут под воду. Если говорить о европейских странах, то лёд в Альпах (всемирном горном курорте) может растаять, и поэтому из-за наводнений может погибнуть одна пятая часть населения Земли.

Другие учёные считают, что повышение температуры воздуха на нашей планете не является опасностью для населения Земли. По их мнению, реальные наблюдения за погодой со спутников Земли не говорят о глобальном потеплении. Наоборот, наблюдения показывают, что последние 40 лет на Земле отмечается очень слабое похолодание. Эти учёные отрицают факт глобального потепления.

Многие исследователи считают, что глобальное потепление — это миф. Известный американский физик Дайсон Фримен утверждает, что меры, которые некоторые учёные предлагают для борьбы с глобальным потеплением, не относятся к сфере науки, а являются бизнесом.

Журналист Джон Колман называет глобальное потепление жульничеством. По его словам, некоторые нечестные люди для саморекламы и для достижения разных политических целей хотят создать у людей иллюзию глобального потепления. Он считает, что никакого быстрого изменения климата в ближайшем будущем не будет и что наша планета не находится в опасности.

Проблема оценки глобального потепления состоит в том, ЧТО и КАК считать средней температурой и каковы критерии её оценки. Многие СМИ (средства массовой информации) выбирают наиболее холодный год, который был на Земле, и заявляют, что с тех пор температура повысилась. Однако учёные приводят и другой факт: в 1935 году в Арктике было теплее, чем сейчас, а за последние 70 лет температурные изменения там равны нулю.

Не доказана также связь между увеличением концентрации CO_2 (углекислый газ) и повышением температуры. Содержание CO_2 в атмосфере повышалось в течение всего XX века, а данные о температуре очень разные. Первые четыре десятилетия (1900–1940) температура росла, но с 1940 по 1970 год она не изменялась. Возникает вопрос: если повышение температуры зависит от количества CO_2 в атмосфере, то непонятно, почему потепление происходило до, а не после 40-го года, когда концентрация CO_2 увеличивалась быстрее, чем раньше. Значит, CO_2 не влияет на потепление.

За последние 100 лет температура поднялась на 0,5 градуса, и эта цифра является нормальной. Уровень воды Мирового океана действительно вырос на 16 см. Но этот процесс происходит из-за таяния льда в горах, а не на полюсе нашей планеты, и он не может оказывать сильное влияние на изменение климата. Но повышение уровня воды Мирового океана в результате таяния льда может привести к затоплению некоторых прибрежных и островных районов Земли, а значит, и к гибели местного населения.

Данные факты говорят о следующем: у учёных пока нет единого ответа на вопрос, что именно приводит к изменению температуры Земли, поэтому заявления о будущих катастрофах на нашей планете пока вызывают сомнения. Многие проблемы развития человеческого общества учёные могут решать уже сейчас, но для этого учёные всего мира должны объединиться.

Задание 2. Вы вернулись из России на родину и хотите поздравить вашу русскую подругу или преподавательницу с Новым годом (Рождеством). Напишите поздравление, коротко расскажите, как встречают эти праздники у вас на родине.
Ваше письмо должно содержать не менее 20 предложений.

Субтест 5
ГОВОРЕНИЕ

Инструкция к выполнению теста

Время выполнения теста — 60 минут.
Тест состоит из 4 заданий (13 позиций).
При выполнении заданий 3 и 4 можно пользоваться словарём.
Ваши ответы записываются на плёнку.

Инструкция к выполнению задания 1
(позиции 1–5)

Время выполнения задания — до 5 минут.
Задание выполняется без предварительной подготовки.
Вам нужно принять участие в диалогах. Вы слушаете реплику тестирующего преподавателя и даёте ответную реплику. Если вы не успеете дать ответ, не задерживайтесь, слушайте следующую реплику.
Помните, что вы должны дать полный ответ (ответы «да», «нет», «не знаю» не являются полными).

Задание 1 (позиции 1–5). Примите участие в диалогах. Ответьте на реплики собеседника.

1. — Алло! Здравствуй, Вера!
— … .
— Вера! Ты была вчера в нашей новой библиотеке?
— … .
— Скажи, пожалуйста, как работает библиотека и какие учебники нам нужно взять?
— … .
— Спасибо.
— … .

2. — Поликлиника номер 24. Здравствуйте!
— … .

— Слушаю вас.

— … .

— Вам нужно пойти к доктору Ивановой.

— … .

— Сегодня врач Иванова работает до восьми часов вечера в кабинете № 33 на третьем этаже.

— … .

— Пожалуйста!

3. — Привет, Вадим!

— … .

— Утром я видела тебя и Андрея в кафе. Но на первой лекции по литературе вас не было. Что-то случилось?

— … .

4. — Извините, вы не скажете, как доехать до рынка?

— … .

— Спасибо, а сколько времени туда нужно ехать?

— … .

— Благодарю вас.

— … .

5. — Виктор, я знаю, что вчера вечером ты собирался смотреть по телевизору футбол.

— … .

— Кто играл?

— … .

— А кто выиграл?

— … .

— Спасибо за информацию.

— … .

Инструкция к выполнению задания 2
(позиции 6–10)

Время выполнения задания — до 8 минут.

Задание выполняется без предварительной подготовки.

Вам нужно принять участие в диалогах. Вы знакомитесь с ситуацией и после этого начинаете диалог, чтобы решить поставленную задачу. Если одна из ситуаций покажется вам трудной, переходите к следующей ситуации.

***Задание 2 (позиции 6–10).* Познакомьтесь с описанием ситуации. Начните диалог.**

6. Вы на даче. Ваша подруга заболела. У неё, наверное, грипп, а лекарства на даче нет. Здесь нет и поликлиники, но недалеко от дома есть аптека. Пойдите в аптеку, расскажите о болезни подруги и спросите, какое лекарство нужно купить.

7. Скоро у вас зимние каникулы. Вы хотите поехать с другом (подругой) на родину на две недели. Купите в кассе или турагентстве билеты на самолёт.

8. Вы собираетесь в театр. Если вы поедете на городском транспорте, то опоздаете. Вызовите такси по телефону.

9. Вы получили письмо от своего знакомого (знакомой). Расскажите подруге (другу), о чём он (она) написал(-а) в этом письме.

10. У вас дома нет овощей и фруктов. Сходите в магазин (на рынок) и купите всё, что вам необходимо.

Инструкция к выполнению задания 3
(позиции 11, 12)

Время выполнения задания — до 25 минут (15 минут — подготовка, 10 минут — ответ). При подготовке задания можно пользоваться словарём.

Задание 3 (позиции 11, 12). Прочитайте рассказ известного английского писателя О. Генри о любви двух небогатых людей. Кратко передайте его содержание.

ПОДАРКИ К РОЖДЕСТВУ

Делла несколько раз пересчитала свои деньги. У неё был всего один доллар восемьдесят семь центов. А завтра праздник, Рождество. И она должна купить подарок Джиму.

Делла и Джим недавно поженились. Они жили очень бедно, так как Джим получал только двадцать долларов в неделю. Но когда он приходил в их маленькую квартирку, его всегда радостно встречала любящая жена. И это было очень приятно.

Делла подошла к зеркалу, посмотрела на себя и поняла, что надо делать.

В их семье были две прекрасные, ценные вещи, которыми они очень гордились: золотые часы Джима, которые раньше принадлежали его отцу, а ещё раньше деду, и прекрасные длинные волосы Деллы.

Когда рано утром Джим ушёл на работу, Делла подошла к зеркалу, посмотрела на свои волосы, немного поплакала и вышла на улицу. Она быстро дошла до магазина, на котором было написано: «Покупаем волосы». Делла вошла в магазин, поднялась на второй этаж и спросила у хозяйки магазина, не купит ли она её волосы. «Да, я покупаю волосы, но сначала я хочу их посмотреть. Снимите шляпу».

Хозяйка магазина предложила ей за волосы двадцать долларов, и Делла, конечно, согласилась. Теперь у неё были деньги, и она пошла покупать подарок мужу. Делла обошла несколько магазинов и наконец нашла то, что искала. Вот он, прекрасный подарок для Джима. Цепочка для часов! Красивая вещь, скромная и солидная! Когда у Джима будет цепочка, он сможет часто смотреть на свои любимые часы.

В 7 часов вечера Делла приготовила ужин и с подарком в руках села у двери ждать, когда придёт Джим. Она очень волновалась: что скажет муж, когда увидит её. Джим никогда не опаздывал. Он всегда приходил точно в 7 часов. И вот открылась дверь, и вошёл Джим. У него было серьёзное лицо. Но Делла не могла понять, почему он так странно смотрит на неё.

— Джим, — сказала Делла. — Я продала свои волосы, потому что хотела сделать тебе подарок к Рождеству! Не сердись на меня! У меня быстро растут волосы. Ты будешь любить меня с короткими волосами?

Джим обнял свою жену, а потом положил на стол свой подарок и сказал:

— Я буду любить тебя всегда. И совсем неважно, какие у тебя волосы, длинные или короткие. А сейчас, Делла, посмотри мой подарок.

Делла открыла пакет. Сначала она закричала от радости, а потом заплакала, как любая другая женщина на её месте. На столе лежали прекрасные украшения для волос. О них уже давно мечтала Делла. Эти украшения стоили очень дорого. Делла часто смотрела на них, когда проходила мимо витрины одного дорогого магазина. Джим подарил ей эти красивые вещи, но у неё уже нет прекрасных длинных волос. Она сначала улыбнулась, потом заплакала и сказала: «У меня очень быстро растут волосы». И тут Делла вспомнила, что муж ещё не видел её подарок. Она дала ему маленький пакетик, где лежала цепочка, которую она купила для его часов. А потом сказала, что теперь он может сто раз в день смотреть, который час. Конечно, Джим был рад такому подарку. Но теперь у него не было часов. Он продал их, чтобы купить жене подарок. Он посмотрел на жену и с любовью сказал:

— Делла, давай спрячем наши подарки, потому что сейчас они не нужны нам. Подождём немного. Но я уверен, что через год мы подарим их друг другу, и они будут нам очень нужны.

Я рассказал вам простую историю о двух добрых глупых людях, которые отдали самое дорогое, что у них было, чтобы сделать подарки друг другу. А может быть, они были умными? Потому что умны те, кто дарит и принимает подарки так, как сделали эти двое любящих друг друга людей.

(По О. Генри)

11. Сформулируйте основную идею текста.

12. Выразите своё отношение к данной идее.

Инструкция к выполнению задания 4
(позиция 13)

Время выполнения задания — до 20 минут (10 минут — подготовка, 10 минут — ответ).

Вы должны подготовить сообщение на предложенную тему.

Вы можете составить план сообщения, но не должны читать своё сообщение.

***Задание 4 (позиция 13).* В России вы познакомились с новыми людьми. Расскажите им о вашей стране по плану:**

• местонахождение страны и её климат;

• краткая история страны;

• столица — политический, культурный, экономический центр страны.

В вашем рассказе должно быть не менее 20 фраз.

Рабочие матрицы

ЛЕКСИКА. ГРАММАТИКА

МАКСИМАЛЬНОЕ КОЛИЧЕСТВО БАЛЛОВ ЗА ТЕСТ — 165

Имя, фамилия   Страна   Дата

ЧАСТЬ I			
1	А	Б	В	Г
2	А	Б	В	Г
3	А	Б	В	Г
4	А	Б	В	Г
5	А	Б	В	Г
6	А	Б	В	Г
7	А	Б	В	Г
8	А	Б	В	Г
9	А	Б	В	Г
10	А	Б	В	Г
11	А	Б	В	Г
12	А	Б	В	Г
13	А	Б	В	Г
14	А	Б	В	Г
15	А	Б	В	Г
16	А	Б	В	Г
17	А	Б	В	Г

18	А	Б	В	Г
19	А	Б	В	Г
20	А	Б	В	Г
21	А	Б	В	Г
22	А	Б	В	Г
23	А	Б	В	Г
24	А	Б	В	Г
25	А	Б	В	Г
ЧАСТЬ II				
26	А	Б	В	Г
27	А	Б	В	Г
28	А	Б	В	Г
29	А	Б	В	Г
30	А	Б	В	Г
31	А	Б	В	Г
32	А	Б	В	Г
33	А	Б	В	Г
34	А	Б	В	Г

35	А	Б	В	Г
36	А	Б	В	Г
37	А	Б	В	Г
38	А	Б	В	Г
39	А	Б	В	Г
40	А	Б	В	Г
41	А	Б	В	Г
42	А	Б	В	Г
43	А	Б	В	Г
44	А	Б	В	Г
45	А	Б	В	Г
46	А	Б	В	Г
47	А	Б	В	Г
48	А	Б	В	Г
49	А	Б	В	Г
50	А	Б	В	Г
51	А	Б	В	Г
52	А	Б	В	Г
53	А	Б	В	Г
54	А	Б	В	Г
55	А	Б	В	Г
56	А	Б	В	Г
57	А	Б	В	Г
58	А	Б	В	Г

59	А	Б	В	Г
60	А	Б	В	Г
61	А	Б	В	Г
62	А	Б	В	Г
63	А	Б	В	Г
64	А	Б	В	Г
65	А	Б	В	Г
66	А	Б	В	Г
67	А	Б	В	Г
68	А	Б	В	Г
69	А	Б	В	Г
70	А	Б	В	Г
71	А	Б	В	Г
72	А	Б	В	Г
73	А	Б	В	Г
74	А	Б	В	Г
75	А	Б	В	Г
76	А	Б	В	Г
77	А	Б	В	Г
ЧАСТЬ III				
78	А	Б	В	Г
79	А	Б	В	Г
80	А	Б	В	Г
81	А	Б	В	Г

82	А	Б	В	Г
83	А	Б	В	Г
84	А	Б	В	Г
85	А	Б	В	Г
86	А	Б	В	Г
87	А	Б	В	Г
88	А	Б	В	Г
89	А	Б	В	Г
90	А	Б	В	Г
91	А	Б	В	Г
92	А	Б	В	Г
93	А	Б	В	Г
94	А	Б	В	Г
95	А	Б	В	Г
96	А	Б	В	Г
97	А	Б	В	Г
98	А	Б	В	Г
99	А	Б	В	Г
100	А	Б	В	Г
101	А	Б	В	Г
102	А	Б	В	Г
103	А	Б	В	Г
104	А	Б	В	Г
105	А	Б	В	Г

106	А	Б	В	Г
107	А	Б	В	Г
108	А	Б	В	Г
109	А	Б	В	Г
110	А	Б	В	Г
111	А	Б	В	Г
112	А	Б	В	Г
113	А	Б	В	Г
114	А	Б	В	Г
115	А	Б	В	Г
116	А	Б	В	Г
117	А	Б	В	Г
118	А	Б	В	Г
119	А	Б	В	Г
120	А	Б	В	Г
121	А	Б	В	Г
122	А	Б	В	Г
123	А	Б	В	Г
124	А	Б	В	Г
125	А	Б	В	Г
126	А	Б	В	Г
127	А	Б	В	Г
128	А	Б	В	Г
129	А	Б	В	Г

ЧАСТЬ IV			
130	А	Б	В	Г
131	А	Б	В	Г
132	А	Б	В	Г
133	А	Б	В	Г
134	А	Б	В	Г
135	А	Б	В	Г
136	А	Б	В	Г
137	А	Б	В	Г
138	А	Б	В	Г
139	А	Б	В	Г
140	А	Б	В	Г
141	А	Б	В	Г
142	А	Б	В	Г
143	А	Б	В	Г
144	А	Б	В	Г
145	А	Б	В	Г
146	А	Б	В	Г
147	А	Б	В	Г
148	А	Б	В	Г
149	А	Б	В	Г
150	А	Б	В	Г
151	А	Б	В	Г
152	А	Б	В	Г

153	А	Б	В	Г
154	А	Б	В	Г
155	А	Б	В	Г
156	А	Б	В	Г
157	А	Б	В	Г
158	А	Б	В	Г
159	А	Б	В	Г
160	А	Б	В	Г
161	А	Б	В	Г
162	А	Б	В	Г
163	А	Б	В	Г
164	А	Б	В	Г
165	А	Б	В	Г

ЧТЕНИЕ

МАКСИМАЛЬНОЕ КОЛИЧЕСТВО БАЛЛОВ ЗА ТЕСТ — 140

Имя, фамилия		Страна		Дата

1	А	Б	В
2	А	Б	В
3	А	Б	В
4	А	Б	В
5	А	Б	В
6	А	Б	В
7	А	Б	В
8	А	Б	В
9	А	Б	В
10	А	Б	В
11	А	Б	В
12	А	Б	В
13	А	Б	В
14	А	Б	В
15	А	Б	В
16	А	Б	В
17	А	Б	В
18	А	Б	В
19	А	Б	В
20	А	Б	В

АУДИРОВАНИЕ

МАКСИМАЛЬНОЕ КОЛИЧЕСТВО БАЛЛОВ ЗА ТЕСТ — 120

Имя, фамилия	Страна	Дата

1	А	Б	В
2	А	Б	В
3	А	Б	В
4	А	Б	В
5	А	Б	В
6	А	Б	В
7	А	Б	В
8	А	Б	В
9	А	Б	В
10	А	Б	В
11	А	Б	В
12	А	Б	В
13	А	Б	В
14	А	Б	В
15	А	Б	В

16	А	Б	В
17	А	Б	В
18	А	Б	В
19	А	Б	В
20	А	Б	В
21	А	Б	В
22	А	Б	В
23	А	Б	В
24	А	Б	В
25	А	Б	В
26	А	Б	В
27	А	Б	В
28	А	Б	В
29	А	Б	В
30	А	Б	В

Контрольные матрицы

ЛЕКСИКА. ГРАММАТИКА

MAКСИМАЛЬНОЕ КОЛИЧЕСТВО БАЛЛОВ ЗА ТЕСТ — 165

ЧАСТЬ I				
1	А	**Б**	В	Г
2	А	Б	**В**	Г
3	А	**Б**	В	Г
4	**А**	Б	В	Г
5	А	Б	**В**	Г
6	А	**Б**	В	Г
7	А	**Б**	В	Г
8	А	**Б**	В	Г
9	А	Б	**В**	Г
10	А	**Б**	В	Г
11	**А**	Б	В	Г
12	А	**Б**	В	Г
13	**А**	Б	В	Г
14	А	Б	**В**	Г
15	А	**Б**	В	Г
16	А	Б	**В**	Г
17	А	Б	**В**	Г

18	**А**	Б	В	Г
19	А	**Б**	В	Г
20	А	**Б**	В	Г
21	А	**Б**	В	Г
22	А	Б	**В**	Г
23	**А**	Б	В	Г
24	А	Б	**В**	Г
25	А	Б	**В**	Г
ЧАСТЬ II				
26	А	Б	В	**Г**
27	А	**Б**	В	Г
28	**А**	Б	В	Г
29	А	**Б**	В	Г
30	**А**	Б	В	Г
31	А	**Б**	В	Г
32	А	Б	**В**	Г
33	А	**Б**	В	Г
34	А	Б	В	**Г**

35	А	Б	**В**	Г
36	А	**Б**	В	Г
37	А	Б	**В**	Г
38	А	Б	В	**Г**
39	А	**Б**	В	Г
40	А	Б	В	**Г**
41	А	Б	**В**	Г
42	**А**	Б	В	Г
43	А	**Б**	В	Г
44	**А**	Б	В	Г
45	А	Б	В	**Г**
46	А	Б	**В**	Г
47	А	Б	**В**	Г
48	А	Б	**В**	Г
49	А	Б	В	**Г**
50	А	**Б**	В	Г
51	**А**	Б	В	Г
52	А	Б	**В**	Г
53	А	Б	В	**Г**
54	А	Б	В	**Г**
55	А	Б	**В**	Г
56	А	Б	В	**Г**
57	А	Б	**В**	Г
58	А	**Б**	В	Г

59	**А**	Б	В	Г
60	А	Б	**В**	Г
61	А	Б	**В**	Г
62	А	Б	В	**Г**
63	**А**	Б	В	Г
64	А	Б	**В**	Г
65	А	Б	В	**Г**
66	А	**Б**	В	Г
67	А	Б	**В**	Г
68	А	Б	**В**	Г
69	**А**	Б	В	Г
70	**А**	Б	В	Г
71	**А**	Б	В	Г
72	А	Б	В	**Г**
73	А	**Б**	В	Г
74	**А**	Б	В	Г
75	А	Б	**В**	Г
76	А	**Б**	В	Г
77	**А**	Б	В	Г

ЧАСТЬ III

78	А	**Б**	В	Г
79	А	Б	**В**	Г
80	А	**Б**	В	Г
81	А	Б	**В**	Г

82	А	**Б**	В	Г
83	А	Б	**В**	Г
84	А	Б	**В**	Г
85	**А**	Б	В	Г
86	А	**Б**	В	Г
87	А	**Б**	В	Г
88	А	**Б**	В	Г
89	**А**	Б	В	Г
90	**А**	Б	В	Г
91	А	**Б**	В	Г
92	А	**Б**	В	Г
93	**А**	Б	В	Г
94	А	Б	**В**	Г
95	А	**Б**	В	Г
96	А	Б	**В**	Г
97	А	**Б**	В	Г
98	А	Б	**В**	Г
99	**А**	Б	В	Г
100	А	**Б**	В	Г
101	А	**Б**	В	Г
102	А	**Б**	В	Г
103	**А**	Б	В	Г
104	А	**Б**	В	Г
105	**А**	Б	В	Г

106	А	**Б**	В	Г
107	**А**	Б	В	Г
108	А	**Б**	В	Г
109	**А**	Б	В	Г
110	А	**Б**	В	Г
111	**А**	Б	В	Г
112	**А**	Б	В	Г
113	**А**	Б	В	Г
114	А	**Б**	В	Г
115	**А**	Б	В	Г
116	**А**	Б	В	Г
117	А	Б	В	**Г**
118	А	**Б**	В	Г
119	А	Б	**В**	Г
120	**А**	Б	В	Г
121	А	Б	В	**Г**
122	А	Б	В	**Г**
123	**А**	Б	В	Г
124	А	Б	**В**	Г
125	А	Б	В	**Г**
126	А	**Б**	В	Г
127	**А**	Б	В	Г
128	А	**Б**	В	Г
129	А	Б	**В**	Г

ЧАСТЬ VI			
130	А	Б	**В**	Г
131	**А**	Б	В	Г
132	А	**Б**	В	Г
133	А	Б	**В**	Г
134	**А**	Б	В	Г
135	А	**Б**	В	Г
136	А	**Б**	В	Г
137	**А**	Б	В	Г
138	А	Б	В	**Г**
139	А	Б	В	**Г**
140	**А**	Б	В	Г
141	А	Б	**В**	Г
142	А	Б	**В**	Г
143	**А**	Б	В	Г
144	А	Б	**В**	Г
145	А	**Б**	В	Г
146	А	Б	В	**Г**
147	А	Б	**В**	Г
148	А	**Б**	В	Г
149	А	Б	**В**	Г
150	**А**	Б	В	Г
151	А	Б	**В**	Г
152	А	**Б**	В	Г

153	А	Б	В	**Г**
154	**А**	Б	В	Г
155	А	**Б**	В	Г
156	**А**	Б	В	Г
157	А	**Б**	В	Г
158	А	Б	**В**	Г
159	**А**	Б	В	Г
160	А	**Б**	В	Г
161	**А**	Б	В	Г
162	А	**Б**	В	Г
163	А	Б	**В**	Г
164	**А**	Б	В	Г
165	А	Б	В	**Г**

ЧТЕНИЕ

МАКСИМАЛЬНОЕ КОЛИЧЕСТВО БАЛЛОВ ЗА ТЕСТ — 140

1	А	**Б**	В
2	**А**	Б	В
3	А	Б	**В**
4	А	Б	**В**
5	**А**	Б	В
6	**А**	Б	В
7	А	Б	**В**
8	А	**Б**	В
9	А	Б	**В**
10	**А**	Б	В
11	А	Б	**В**
12	А	**Б**	В
13	**А**	Б	В
14	**А**	Б	В
15	А	Б	**В**
16	**А**	Б	В
17	А	**Б**	В
18	**А**	Б	В
19	**А**	Б	В
20	**А**	Б	В

АУДИРОВАНИЕ

МАКСИМАЛЬНОЕ КОЛИЧЕСТВО БАЛЛОВ ЗА ТЕСТ — 120

1	**А**	Б	В		16	А	Б	**В**
2	**А**	Б	В		17	А	**Б**	В
3	**А**	Б	В		18	**А**	Б	В
4	А	**Б**	В		19	А	Б	**В**
5	**А**	Б	В		20	**А**	Б	В
6	А	**Б**	В		21	А	Б	**В**
7	А	Б	**В**		22	А	Б	**В**
8	А	Б	**В**		23	**А**	Б	В
9	**А**	Б	В		24	А	Б	**В**
10	А	Б	**В**		25	А	Б	**В**
11	А	Б	**В**		26	А	**Б**	В
12	А	**Б**	В		27	**А**	Б	В
13	А	Б	**В**		28	**А**	Б	В
14	А	Б	**В**		29	А	**Б**	В
15	А	**Б**	В		30	А	Б	**В**

Практикум к субтесту 4
ПИСЬМО

На каждый вопрос предлагается исчерпывающий ответ. За тестирующим остаётся право выбрать фразы, наиболее соответствующие, по его мнению, содержанию вопроса.

Задание 1. Вас интересуют проблема изменения климата на Земле. Прочитайте текст и изложите письменно свою точку зрения по следующим вопросам.

Первый вариант ответа

1. Изменился ли климат на нашей планете за последние сто лет?

Конечно, в XX и XXI веках климат на Земле изменился в результате потепления.

2. Как учёные объясняют тот факт, что прогнозируемое потепление на Земле будет иметь отрицательные результаты для всей планеты?

Некоторые учёные считают, что в настоящее время на Земле происходит постепенное потепление климата, которое оказывает отрицательное воздействие на нашу планету. Они объясняют это явление такими фактами, как частые засухи, ураганы, сильные проливные дожди и наводнения, которые уже привели к гибели тысяч людей во многих странах Азии. Эта группа учёных предполагает, что из-за потепления начнут таять льды в Арктике, поднимется уровень воды Мирового океана, под водой будут многие острова и погибнут люди. Гибель людей возможна и в Европе, так как начнут таять льды в Альпах. В результате могут исчезнуть некоторые европейские государства.

3. Почему некоторые учёные считают, что повышение температуры воздуха на нашей планете не является опасностью для населения Земли?

Некоторые учёные считают, что повышение температуры не опасно для жизни людей. Учёные, которые наблюдают за погодой со спутников Земли, отмечают, что за последние 40 лет происходит не потепление, а, наоборот, даже слабое похолодание климата. Есть исследователи, которые говорят, что глобальное потепление — это миф. В своих статьях они пишут о том, что нечестные учёные ради славы и разных политических целей искусственно создают у простых людей иллюзию глобального потепления. Эти учёные считают, что никакого изменения климата не существует.

4. На что влияет повышение уровня воды Мирового океана?

Уровень воды Мирового океана незначительно, но повышается. В настоящее время он поднялся на 16 сантиметров. Повышение уровня воды в Мировом океане может иметь опасные последствия для жизни людей. Если из-за потепления климата начнут таять льды на континенте, то увеличение воды в Мировом океане может привести к наводнению и затоплению большой территории на Земле. Многие острова могут уйти под воду. И, конечно, это приведёт к гибели людей.

5. Как вы думаете, почему учёных беспокоит проблема глобального потепления на Земле?

В настоящее время многих учёных беспокоит проблема глобального потепления на Земле. Таяние льдов в Арктике и Альпах приведёт к повышению уровня воды в Мировом океане. Начнутся такие природные катаклизмы, как наводнения, засухи, ураганы и землетрясения. В результате понизится урожай, что приведёт к голоду. Появятся разные болезни, людям нужно будет покидать свои дома, уходить жить в другие места. Вот почему все эти проблемы волнуют учёных и общественность.

6. Как вы считаете, оправданно ли мнение учёных о будущих глобальных катастрофах на Земле? Что необходимо сейчас делать людям, чтобы этого не случилось?

Начало XXI века показало, что на Земле происходят реальные катастрофы. Это и сильные ураганы, и цунами, и многочи-

сленные землетрясения и наводнения. Чтобы в будущем не было природных катастроф, нужно охранять окружающую среду, создавать национальные парки, заповедники, беречь леса, животных и растительный мир.

Второй вариант ответа

1. Изменился ли климат на нашей планете за последние сто лет?

Существуют разные мнения учёных, но большинство людей считает, что климат на Земле изменился.

2. Как учёные объясняют тот факт, что прогнозируемое потепление на Земле будет иметь отрицательные результаты для всей планеты?

Существует мнение, что в настоящее время происходит глобальное потепление на Земле. Многие учёные считают, что оно приведёт к отрицательным, катастрофическим последствиям. Они аргументируют это тем, что повышение температуры нарушает климат. В результате повышения температуры появляются частые засухи, ураганы, сильные дожди, наводнения. От этого гибнут люди. Гибель людей ожидается в азиатских и европейских странах. Из-за повышения температуры может растаять лёд в Альпах и в Арктике. В результате этого повысится уровень воды в Мировом океане, исчезнут под водой многие острова, и жизни в этих местах не будет.

3. Почему некоторые учёные считают, что повышение температуры воздуха на нашей планете не является опасностью для населения Земли?

Некоторые учёные, которые ведут наблюдения за изменениями погоды на нашей планете, пришли к выводу, что потепление климата на Земле не несёт смертельную опасность всему человечеству, что на Земле происходит незначительное похолодание. Также существует мнение, что глобальное потепление — это миф, иллюзия, которая искусственно создаётся некоторыми исследователями ради славы и разных политических целей.

4. На что влияет повышение уровня воды Мирового океана?

Мировой океан занимает очень большую площадь на нашей планете. В настоящее время уровень воды в Мировом океане повысился на 16 сантиметров. Если уровень воды Мирового океана повысится ещё больше, то это может привести к затоплению многих стран и гибели людей.

5. Как вы думаете, почему учёных беспокоит проблема глобального потепления на Земле?

Проблема глобального потепления на нашей планете очень волнует многих людей, особенно учёных. По мнению учёных, в результате повышения температуры воздуха и повышения уровня воды в Мировом океане на Земле чаще могут происходить природные катаклизмы. Наводнения, засухи, ураганы и землетрясения изменяют и ухудшают окружающую среду, нарушают хозяйственную деятельность человека. Люди начинают болеть и голодать. Все эти проблемы касаются будущего всего человечества.

6. Как вы считаете, оправданно ли мнение учёных о будущих глобальных катастрофах на Земле. Что необходимо сейчас делать людям, чтобы этого не случилось?

Угроза реальных глобальных катастроф, к сожалению, существует. Одна из причин — хозяйственная деятельность человека. Чтобы этого не случилось, люди должны охранять национальные парки, беречь леса, правильно использовать природные ресурсы, заботиться о животных и растениях.

Задание 2. **Вы вернулись из России на родину и хотите поздравить вашу русскую подругу или преподавательницу с Новым годом (Рождеством). Напишите поздравление, коротко расскажите, как встречают эти праздники у вас на родине.**

Первый вариант ответа

Здравствуй, дорогая Даша! Хочу поздравить тебя с Новым годом. Желаю тебе и твоим родителям здоровья, счастья, успехов во всём!

Я очень скучаю по Москве, по университету, по нашей группе. Как быстро летит время! Я уже полгода в Германии, продолжаю учиться в университете. Жизнь и учёба в Москве мне очень помогли. Я стала лучше говорить по-русски.

Скоро Рождество и Новый год! У нас, как ты знаешь, люди больше празднуют Рождество. В это время целую неделю все отдыхают. Дети, если они учатся или работают, едут из разных мест домой к родителям, все родственники собираются вместе и празднуют 24—25 декабря этот замечательный праздник. Люди дарят друг другу подарки, готовят вкусные блюда, сидят за столом, разговаривают друг с другом, рассказывают, как они прожили этот год, что нового у них случилось за это время.

Я знаю, что в России тоже празднуют Рождество, но в вашей стране этот праздник отмечают 7 января. Поэтому я хочу поздравить тебя и твоих родителей и с Рождеством! Я очень хочу пожелать вам всего самого доброго, но главное, конечно, здоровья.

Всегда твоя подруга Барбара

Второй вариант ответа

Глубокоуважаемая Нина Николаевна!

Разрешите поздравить Вас с наступающим Новым годом и пожелать Вам и Вашим родным здоровья, счастья и успехов во всём. Я знаю, что 7 января Вы празднуете Рождество. В Корее тоже отмечают этот праздник, но 24—25 декабря. Корейцы празднуют и Новый год, как русские, но для многих Рождество — более важный праздник, чем Новый год. В этот день все члены семьи собираются вместе. Хозяйка готовит самые вкусные блюда, люди дарят друг другу подарки. Для детей, как и в России, взрослые наряжают ёлку, все веселятся и отдыхают. Я очень люблю этот праздник, но Новый год мне тоже нравится. Я часто вспоминаю, как мы праздновали Новый год в Москве. Я скучаю по Вам, дорогая Нина Николаевна, по Москве, по университету, по друзьям.

Я очень надеюсь, что летом приеду в Москву на курсы русского языка месяца на два, и, конечно, надеюсь, что Вы будете преподавать нам русский язык.

До встречи!

Всегда с благодарностью и уважением,

Ваш студент Чен

Практикум к субтесту 5
ГОВОРЕНИЕ

Задание 1 (позиции 1–5). Примите участие в диалогах. Ответьте на реплики собеседника.

1.

Первый вариант ответа

— Алло! Здравствуй, Вера!
— Привет, Роман!
— Вера, ты была вчера в нашей новой библиотеке?
— Да, была.
— Скажи, пожалуйста, как работает библиотека и какие учебники нам нужно взять?
— Наша библиотека работает каждый день с 9 до 18 часов, кроме субботы и воскресенья. Тебе обязательно нужно взять учебники по математике и истории.
— Спасибо.
— Пожалуйста.

Второй вариант ответа

— Алло! Здравствуй, Вера!
— Здравствуй, Максим!
— Вера, ты была вчера в нашей новой библиотеке?
— Да, я ходила в библиотеку.
— Скажи, пожалуйста, как работает библиотека и какие учебники нам нужно взять?
— Библиотека сейчас не работает, потому что там делают ремонт. Но через неделю она будет работать каждый день с 10 до 18 часов, а в субботу с 10 до 15 часов. Когда библиотека откроется, возьми учебники по русскому языку и словари.
— Спасибо.
— Не за что.

2.

Первый вариант ответа:

— Поликлиника номер 24. Здравствуйте!
— Здравствуйте!
— Слушаю вас.
— У меня очень болит голова, есть температура, насморк и кашель. Мне нужен хороший врач. Посоветуйте, пожалуйста.
— Вам нужно пойти к доктору Ивановой.
— Скажите, пожалуйста, в какое время, и в каком кабинете принимает этот доктор?
— Сегодня врач Иванова работает до восьми часов вечера в кабинете № 33 на третьем этаже.
— Большое спасибо!
— Пожалуйста!

Второй вариант ответа

— Поликлиника номер 24. Здравствуйте!
— Доброе утро, девушка!
— Слушаю вас.
— Я очень плохо себя чувствую. У меня высокая температура и болит живот. Посоветуйте, пожалуйста, к кому мне пойти.
— Вам нужно пойти к доктору Ивановой.
— Скажите, пожалуйста, когда и в каком кабинете работает этот врач?
— Сегодня врач Иванова работает до восьми часов вечера в кабинете №33 на третьем этаже.
— Благодарю вас.
— Пожалуйста!

3.

Первый вариант ответа

— Привет, Вадим!
— Привет, Марина!
— Утром я видела тебя и Андрея в кафе. Но на первой лекции по литературе вас не было. Что-то случилось?

— Ты же знаешь, что после лекции у нас должна быть контрольная работа по русскому языку, поэтому мы решили ещё раз повторить все правила.

Второй вариант ответа

— Привет, Вадим!

— Здравствуй, Наташа!

— Утром я видела тебя и Андрея в кафе. Но на первой лекции по литературе вас не было. Что-то случилось?

— Наташа, ты не забыла, что сегодня вечером в университете будет концерт? На вечере мы будем читать стихи, поэтому нам нужно было повторить их ещё раз. Вот мы и не пошли на лекцию.

4.

Первый вариант ответа

— Извините, вы не скажете, как доехать до рынка?

— Конечно, скажу. До рынка можно доехать на автобусе №15.

— Спасибо, а сколько времени туда нужно ехать?

— Это недалеко. Примерно полчаса.

— Благодарю вас.

— Не стоит.

Второй вариант ответа

— Извините, вы не скажете, как доехать до рынка?

— Скажу. Сначала вам нужно проехать три остановки на трамвае, а потом идти пешком в сторону кинотеатра «Заря».

— Спасибо, а сколько времени туда нужно ехать?

— На трамвае вам нужно будет ехать минут 10, а потом 5 минут идти пешком.

— Благодарю вас.

— Пожалуйста!

5.

Первый вариант ответа

— Виктор, я знаю, что вчера вечером ты собирался смотреть по телевизору футбол.

— Да, я смотрел. Игра была очень интересная.

— А кто играл?

— Играла наша университетская команда с командой из медицинского института.

— Кто выиграл?

— Наша команда выиграла. Счёт 3:2.

— Спасибо за информацию.

— Пожалуйста!

Второй вариант ответа

— Виктор, я знаю, что вчера вечером ты собирался смотреть по телевизору футбол.

— К сожалению, я не смог посмотреть футбольный матч, потому что у нас сломался телевизор.

— А кто играл?

— Играли команды Бразилии и Германии.

— Кто выиграл?

— Утром сосед сказал мне, что команда Германии проиграла. Очень жаль, что эта команда не будет участвовать в финале.

— Спасибо за информацию.

— Не за что.

Задание 2 (позиции 6–10). **Познакомьтесь с описанием ситуации. Начните диалог.**

6. Вы на даче. Ваша подруга заболела. У неё, наверное, грипп, а лекарства на даче нет. Здесь нет и поликлиники, но недалеко от дома есть аптека. Пойдите в аптеку, расскажите о болезни подруги и спросите, какое лекарство нужно купить.

Первый вариант ответа

— Аптека. Слушаю вас.

— Моя подруга заболела. У неё очень высокая температура и болит голова. Какое лекарство ей нужно купить?

— Вам нужно купить аспирин.

— Как его принимать?

— Три раза в день после еды.

— Спасибо!

— Пожалуйста!

Второй вариант ответа

— Аптека. Чем вам помочь?

— У моей подруги, наверное, грипп, а дома нет лекарства. Посоветуйте, какое лекарство ей надо принять?

— У неё есть температура?

— Да, 38 и 5.

— Тогда вам нужно купить парацетамол. Он ей поможет.

— Как часто его нужно принимать?

— Три раза в день после еды.

— Спасибо!

— Пожалуйста!

7. Скоро у вас зимние каникулы. Вы хотите поехать с другом (подругой) на родину на две недели. Купите в кассе или турагенстве билеты на самолёт.

Первый вариант ответа

— Турфирма «Вояж». Я вас слушаю.

— Мне нужно два авиабилета в Испанию. Я хочу улететь завтра вечером. У вас есть билеты на завтра на вечер?

— Да, есть. Самолёт вылетает из Москвы в 7 часов вечера.

— Хорошо. А когда он прилетит в Испанию?

— В 10 часов вечера.

— Сколько стоит билет?

— Билет стоит 6000 рублей. Как будете получать?

— Вы можете доставить билеты домой?

— Да, скажите, пожалуйста, адрес и телефон.

— Улица Старый Арбат, дом 10, подъезд 2, первый этаж, квартира 10. Телефон: 345-00-39.

— Вам привезут билеты сегодня после обеда. С 15 до 18.

— Спасибо! До свидания!

Второй вариант ответа

— Турфирма «Альфа», слушаю вас.
— Доброе утро! Я хочу заказать два билета на самолёт до Нью-Йорка.
— Здравствуйте. Пожалуйста. Когда вы хотите лететь?
— Послезавтра.
— На какой рейс вы хотите взять билеты?
— На рейс № 33 «Москва — Нью-Йорк».
— Этот рейс вылетает из Москвы в 11 часов утра.
— Хорошо. Сколько стоит билет?
— Пятнадцать тысяч рублей.
— Могу я забронировать билет?
— Пожалуйста. Ваше имя и фамилия? Номер паспорта?
— Петров Олег Михайлович. 72 32 561.
— Спасибо. Вы можете получить билет в кассе № 3 в аэропорту «До-модедово».
— Спасибо!

8. Вы собираетесь в театр. Если вы поедете на городском транспорте, то опоздаете. Вызовите по телефону такси.

Первый вариант ответа

— Слушаю вас.
— Алло! Это такси?
— Да. Слушаю вас.
— Мне срочно нужна машина на 18:00 до Большого театра.
— Хорошо. Ваш адрес и телефон?
— Улица Строителей, дом 10, подъезд 1. Телефон: 100-28-17.
— Ждите. Такси приедет ровно в 18:00. Когда водитель приедет, он вам позвонит.
— Большое спасибо!
— Пожалуйста!

Второй вариант ответа

— Добрый день. Я вас слушаю.
— Алло, здравствуйте! Это таксопарк?
— Да.
— Я хочу заказать такси на 17:20 до детского музыкального театра.

— Ваш адрес и телефон, пожалуйста.

— Ленинский проспект, дом 99, подъезд 3. Номер телефона: 8-916-655-11-23.

— Хорошо. Такси будет около вашего подъезда точно в 17:20. Водитель позвонит вам.

— Спасибо! Буду ждать.

— Пожалуйста!

9. Вы получили письмо от своего знакомого (знакомой). Расскажите другу (подруге), о чём вам написали в этом письме.

Первый вариант ответа

— Марина, ты помнишь Виктора Петрова? Я рассказывал тебе, что в прошлом году мы с ним вместе отдыхали на Чёрном море. Вчера я получил от него письмо, где он написал, что его сын хочет учиться в твоём университете. Виктор спрашивает, какие экзамены ему надо сдавать?

— А на какой факультет он хочет поступать?

— На филологический.

— Тогда ему нужно будет сдавать русский язык и литературу.

— Спасибо! Я напишу ему об этом.

Второй вариант ответа

— Антон, вчера я получила письмо от Игоря Киселёва, с которым мы учились в школе в одном классе. Он пригласил меня приехать в наш родной город 12 июня на встречу одноклассников.

— Хорошая идея!

— Он написал, что приедут многие ребята из нашего класса, хотя сейчас они живут и работают в других городах. Давай поедем вместе! Я давно не видела учителей и ребят из нашего класса.

— Это будет интересная встреча?

— Конечно. Давай поедем!

10. У вас дома нет овощей и фруктов. Сходите в магазин (на рынок) и купите всё, что вам необходимо.

Первый вариант ответа

— Здравствуйте! Дайте, пожалуйста, кило огурцов, кило помидоров, 2 кило яблок и 3 банана.

— Пожалуйста!
— Сколько с меня?
— С вас 180 рублей.
— Спасибо!
— На здоровье!

Второй вариант ответа

— Доброе утро!
— Скажите, пожалуйста, у вас есть помидоры?
— Да, конечно.
— Сколько они стоят?
— 120 рублей за килограмм.
— Дайте, пожалуйста, 2 кило. А этот виноград? Он сладкий?
— Очень. Сколько вам нужно?
— 3 кило, пожалуйста. Сколько я вам должен?
— За помидоры 240 рублей и за виноград 300 рублей. Всего 540 рублей.
— Пожалуйста, возьмите!
— Спасибо!

Задание 3 (позиции 11, 12). Прочитайте рассказ известного английского писателя О. Генри о любви двух небогатых людей. Кратко передайте его содержание.

Первый вариант ответа

Этот текст рассказывает о любви. Делла и Джим поженились недавно. Они жили бедно, но очень любили друг друга. Перед Рождеством Делла не знала, что она подарит мужу, потому что у неё было мало денег — только один доллар и восемьдесят семь центов. Она долго думала, что же ей делать. В их семье были две ценности: у Деллы были прекрасные длинные волосы, а у Джима были золотые часы его отца. Молодые люди очень гордились ими.

Утром, когда муж ушёл на работу, девушка подошла к зеркалу, посмотрела на свои красивые волосы, заплакала и решила, что она будет делать.

Потом Делла ушла из дома. Она пришла в магазин, где покупали волосы, и продала свои волосы хозяйке магазина. Хозяйка предложила девушке за волосы двадцать долларов. Делла, конечно, согласилась. Для неё это были большие деньги, потому что её муж Джим получал на работе только двадцать долларов в неделю. Девушка пошла в магазин и купила мужу цепочку для его часов. Потом она вернулась домой, приготовила ужин и стала его ждать. Когда Джим пришёл с работы домой и увидел Деллу, он очень удивился, потому что у неё были короткие волосы. Но женщина объяснила, что продала свои волосы для того, чтобы купить ему подарок к Рождеству. И она отдала Джиму подарок. Молодой человек тоже отдал свой подарок жене. Делла открыла пакет и увидела там украшения для волос. Раньше она мечтала о таком подарке. Но теперь он был ей не нужен. Джим тоже открыл пакет и увидел там цепочку для часов. Но у него теперь не было часов, потому что он продал их и купил жене подарок.

Джим предложил Делле спрятать подарки, потому что сейчас они им были не нужны. Он сказал, что через год их жизнь изменится, и они ещё раз подарят эти подарки друг другу.

Второй вариант ответа

В тексте рассказывается о любви двух молодых людей. Они поженились недавно. Живут они бедно. Работает только муж. Его зовут Джим. Он получает двадцать долларов в неделю. Жену зовут Делла.

Автор пишет, что скоро будет замечательный праздник — Рождество. В этот день люди дарят друг другу подарки. Но у этих людей не было денег, чтобы купить подарки. В их семье было только две ценности: золотые часы Джима, которые достались ему от отца, и прекрасные длинные волосы Деллы. Молодые люди очень гордились ими.

Делла пересчитала деньги, которые у неё остались. Там было меньше, чем два доллара. Она долго думала, что ей делать, где найти деньги. Девушка подошла к зеркалу, посмотрела на свои волосы и решила их продать, чтобы купить рождественский подарок мужу.

На следующий день Джим рано утром ушёл на работу. Делла тоже ушла из дома и пошла в магазин, где покупали волосы. Она предложила хозяйке магазина купить у неё волосы. Хозяйка согласилась и заплатила Делле двадцать долларов. Девушка взяла эти деньги и пошла в другой магазин, чтобы купить мужу подарок. Она долго выбирала подарок. Наконец, она решила купить Джиму красивую цепочку для золотых часов.

Девушка вернулась из магазина домой и стала ждать мужа. Когда он пришёл с работы, он очень удивился, так как увидел, что у Деллы нет её прекрасных волос. Делла объяснила Джиму, что она продала свои волосы, потому что очень хотела купить ему рождественский подарок. Девушка положила пакет на стол, но в это время Джим тоже отдал жене подарок. Она открыла пакет и увидела там красивые украшения для волос. О таком подарке Делла давно мечтала. Но сейчас он был ей не нужен. Девушка попросила мужа открыть пакет, который она дала ему. Когда Джим открыл его, он увидел там красивую цепочку для часов. Джим сказал, что он продал часы и у него теперь их нет, но это неважно. Важно то, что они, Делла и Джим, любят друг друга, заботятся друг о друге. Джим предложил ей спрятать подарки, потому что сейчас они им не нужны, но когда-нибудь потом обязательно будут нужны. Он сказал, что не важно, какие волосы у Деллы — длинные или короткие. Всё равно он её любит.

12. Сформулируйте основную идею текста.

Первый вариант ответа

Основная идея текста — отношения людей, которые любят друг друга. Во имя любви они готовы отдать самое дорогое, что у них есть, чтобы сделать приятное своему любимому человеку.

Второй вариант ответа

Я думаю, что основная идея текста — любовь и отношение людей друг к другу.

13. Выразите своё отношение к данной идее.

Первый вариант ответа

Я думаю, что нам нужно учиться так любить друг друга, как любили друг друга герои рассказа.

Второй вариант ответа

Мне кажется, что любовь — прекрасное чувство. И если люди будут любить друг друга, как герои рассказа, то будет много счастливых семей.

Задание 4 (позиция 13). В России вы познакомились с новыми людьми. Расскажите им о вашей стране.

Первый вариант ответа

Я очень люблю свою родину — Южную Корею. Она находится на полуострове в Японском море. Это древняя страна с древней культурой. Корейцы — очень трудолюбивый народ. В их истории было много разных событий: и радостных, и грустных. В настоящее время Южная Корея — высокоразвитая страна.

Корейская молодёжь хочет получить высшее образование, поэтому стремится хорошо учиться в школе и поступить в университеты.

Конечно, политический, экономический и культурный центр страны — Сеул, столица Южной Кореи. Здесь находится корейское правительство, работают президент страны и парламент. В Сеуле много учебных заведений, средних и высших. В городе много музеев, театров, кинотеатров, часто организуются выставки, поэтому Сеул — культурный центр страны.

В столице находятся крупные фирмы, банки, заводы, поэтому можно сказать, что столица Южной Кореи — экономический центр.

Если вы приедете в нашу страну, то я советую вам побывать и в других городах Южной Кореи. Например, интересно поехать в город Тегу, где тоже есть большой университет. Можно съездить в город Пусан, который находится на берегу моря. Это огромный морской порт. Обязательно советую вам поехать на остров Чеджу, который находится в Корейском проливе. На этом острове прекрасный климат и замечательная природа.

Приглашаю всех посетить Южную Корею. Я уверен(-а), что вам очень понравится наша страна и гостеприимные корейцы.

Второй вариант ответа

Я немка, родилась в Германии, поэтому это моя любимая страна. Моя родина находится в самом сердце Европы. Германия граничит со многими европейскими государствами: Чехией, Польшей, Австрией и другими.

Германия — древнее государство, которое имеет богатую историю и культуру. Немцы стремятся сохранить свои национальные традиции.

Современная Германия — высокоразвитая страна. Экономика Германии развивается быстрыми темпами, так как немцы образованные и очень трудолюбивые люди. Они много трудятся как в городах, так и в де-

163

ревнях. Во всём мире известны немецкие товары, например электроника и автомобили. Столица страны — Берлин. Это большой современный город, где работают немецкое правительство, глава государства и парламент страны.

В столице много разных учебных заведений, средних и высших: школы, колледжи, университеты. В городе много музеев, театров, кинотеатров и культурных центров. Здесь находятся крупные банки, фирмы, компании, заводы и фабрики, поэтому можно сказать, что Берлин — политический, культурный и экономический центр страны.

Вариант 3

Субтест 1
ЛЕКСИКА. ГРАММАТИКА

Инструкция к выполнению теста

Время на выполнение теста — 60 минут. Тест включает 165 заданий.

При выполнении теста пользоваться словарём нельзя.

Вы получили тест и матрицу. Напишите ваше имя и фамилию, страну, дату тестирования на матрице.

В тесте слева даны предложения (1, 2 и т. д.), а справа — варианты на выбор.

Выберите правильный вариант и отметьте соответствующую букву в матрице. Например:

| А | Б | В | Г |

(Б — правильный вариант).

Если вы ошиблись и хотите исправить ошибку, сделайте так:

| А | Б | В | Г |

(В — ошибка, Б — правильный вариант).

Отмечайте правильный выбор только в матрице, в тесте ничего не пишите (проверяется только матрица).

ЧАСТЬ I

Задания 1–21. **Выберите правильный вариант.**

1	Экскурсовод … туристам об истории Кремля.	(А) сказал (Б) рассказал (В) разговаривал
2	Артур любит пить … кофе.	(А) твёрдый (Б) сильный (В) крепкий
3	Я считаю, что существует один … вариант решения этой проблемы.	(А) единый (Б) единственный (В) одинокий

4	Австралия … Евразии.	(А) маленькая (Б) меньшинство (В) меньше
5	… наступит лето.	(А) Быстро (Б) Скоро (В) Немедленно (Г) Вдруг
6	Я всегда советуюсь со своим … братом.	(А) старинным (Б) старым (В) старшим
7	Автобус … людей на работу.	(А) везёт (Б) ведёт (В) несёт
8	Изучать иностранный язык … .	(А) нелегко (Б) труднее (В) с трудом
9	После экзамена у нас будет … по Подмосковью.	(А) командировка (Б) визит (В) экскурсия
10	Перед нами стоит … — сохранить природу.	(А) трудная задача (Б) трудное время (В) трудное занятие
11	Иностранные туристы с большим интересом … древний русский город.	(А) смотрели (Б) рассмотрели (В) осмотрели
12	Артём очень спешил, поэтому … такси.	(А) оставил (Б) остановил (В) остановился
13	— Где находится аптека? — Вам нужно сначала идти вперёд, а потом повернуть … .	(А) справа (Б) налево (В) слева
14	Поезд из Москвы в Санкт-Петербург всегда приходит в своё … время, по расписанию.	(А) обыкновенное (Б) обычное (В) нормальное

15	Борис … играть в шахматы.	(А) умеет
		(Б) знает
16	Матвей не помнил, куда он положил ключи от своей машины, поэтому он долго … их.	(А) нашёл
		(Б) искал
17	— Костя, когда будешь собирать свои вещи, не забудь … в чемодан куртку, потому что в Сибири сейчас холодно.	(А) класть
		(Б) положить
18	Мой маленький сын любит … мне много вопросов.	(А) задавать
		(Б) сдавать
19	Олег Петров всегда … мне серьёзным человеком.	(А) казался
		(Б) оказался
20	На Рождество Елена … родителям поздравительную открытку.	(А) послала
		(Б) получила
21	Сейчас экономика Южной Кореи … высокого уровня развития.	(А) добилась
		(Б) достигла

Задания 22–25. Выберите все возможные варианты

22	… шёл весь день.	(А) Снег
		(Б) Самолёт
		(В) Путешественник
23	Здесь … курить!	(А) запрещается
		(Б) нельзя
		(В) требуется
24	Всем очень понравилось выступление … артистов цирка.	(А) международных
		(Б) иностранных
		(В) зарубежных
25	Спортивные соревнования по гимнастике выиграла самая … спортсменка.	(А) молодая
		(Б) младшая
		(В) юная

ЧАСТЬ II

Задания 26–77. Выберите правильную форму.

26	Родители заботятся … детях.	(А) всем (Б) все (В) обо всех (Г) всеми
27	Студенты любят слушать лекции … .	(А) этот профессор (Б) с этим профессором (В) этому профессору (Г) этого профессора
28	Мой старший брат и его друзья решили пойти … .	(А) к Историческому музею (Б) Исторический музей (В) Исторического музея (Г) в Исторический музей
29	… попросили прочитать лекцию на иностранном языке.	(А) Молодой преподаватель (Б) Молодого преподавателя (В) К молодому преподавателю (Г) О молодом преподавателе
30	Полина попросила … донести тяжёлую сумку до такси.	(А) знакомого мужчину (Б) к знакомому мужчине (В) со знакомым мужчиной (Г) у знакомого мужчины
31	Мои родители отдыхают … .	(А) в хороший санаторий (Б) хороший санаторий (В) в хорошем санатории (Г) хорошего санатория
32	Вчера я встречала своего друга … .	(А) в новом аэропорту (Б) новый аэропорт (В) в новый аэропорт (Г) из нового аэропорта
33	Недавно Мария перечитала короткие рассказы … .	(А) Антон Павлович Чехов (Б) Антона Павловича Чехова (В) Антону Павловичу Чехову (Г) Антоном Павловичем Чеховым

34	Прощаясь со мной, друг пожелал мне … .	(А) хороший день (Б) хорошему дню (В) хорошего дня (Г) хорошим днём
35	На концерте в Доме музыки мы встретили … .	(А) вашего знакомого (Б) с вашим знакомым (В) у вашего знакомого (Г) ваш знакомый
36	… исполнилось 7 лет.	(А) Моя младшая дочь (Б) Моей младшей дочери (В) О моей младшей дочери (Г) У моей младшей дочери
37	Главный редактор журнала попросил … сделать репортаж об открытии летней Олимпиады.	(А) о молодой журналистке (Б) с молодой журналисткой (В) молодой журналистке (Г) молодую журналистку
38	… на открытии новой выставки собралось много любителей живописи.	(А) Картинная галерея (Б) В картинную галерею (В) Картинную галерею (Г) В картинной галерее
39	Юрий упал и почувствовал … .	(А) сильная боль (Б) сильную боль (В) сильной боли (Г) сильной болью
40	Сегодня день рождения … .	(А) Анастасия Сергеевна Полянская (Б) с Анастасией Сергеевной Полянской (В) у Анастасии Сергеевны Полянской (Г) Анастасию Сергеевну Полянскую
41	Студенты-химики часто занимаются … .	(А) химическая лаборатория (Б) в химической лаборатории (В) в химическую лабораторию (Г) химической лаборатории

42	Мария часто вспоминает родину и … .	(А) со всей своей дружной семьей (Б) всю свою дружную семью (В) обо всей своей дружной семье (Г) ко всей своей дружной семье
43	— Молодой человек! … пришло письмо. Получите его, пожалуйста!	(А) Вашего имени (Б) К вашему имени (В) На ваше имя (Г) С вашим именем
44	О своей новой жизни в Москве Агата рассказала родителям … .	(А) в длинное письмо (Б) длинному письму (В) длинного письма (Г) в длинном письме
45	Они попрощались … .	(А) следующее воскресенье (Б) до следующего воскресенья (В) на следующее воскресенье (Г) к следующему воскресенью
46	Летом электропоезда ходят … .	(А) в летнем расписании (Б) летнего расписания (В) по летнему расписанию (Г) с летним расписанием
47	После спектакля зрители подарили цветы … .	(А) оперные певцы (Б) оперных певцов (В) оперным певцам (Г) об оперных певцах
48	Студентам нужно получить … , чтобы учиться за рубежом.	(А) международные паспорта (Б) международным паспортам (В) международных паспортов (Г) международных паспортах
49	В этом здании офисы находятся … .	(А) на верхние этажи (Б) верхние этажи (В) на верхних этажах (Г) до верхних этажей

50	Мы привезли на дачу шесть … .	(А) новые стулья (Б) новых стульев (В) новых стула (Г) новым стульям
51	Последние открытия в медицине были сделаны … .	(А) российских учёных (Б) российские учёные (В) с российскими учёными (Г) российскими учёными
52	Оксана купила в киоске несколько … .	(А) поздравительными открытками (Б) поздравительные открытки (В) поздравительных открыток (Г) поздравительных открытках
53	Во время концерта певица исполнила … на испанском языке.	(А) популярные американские песни (Б) в популярных американских песнях (В) популярных американских песен (Г) с популярными американскими песнями
54	По понедельникам иностранные студенты слушают … по русской истории.	(А) интересных лекций (Б) с интересными лекциями (В) в интересных лекциях (Г) интересные лекции
55	Отец поздравил … с Новым Годом.	(А) своих дочерей (Б) своим дочерям (В) о своих дочерях (Г) со своими дочерьми
56	Марина позвонила … и пригласила их поехать в воскресенье с нами на дачу.	(А) двоюродные сёстры (Б) к двоюродным сёстрам (В) двоюродным сёстрам (Г) о двоюродных сёстрах
57	На экзамене он не смог перевести четыре … в тексте .	(А) новых слов (Б) новые слова (В) новых слова (Г) о новых словах

58	В жизни героев романа наступили … .	(А) о трудных временах (Б) трудные времена (В) трудными временами (Г) трудных времён
59	Дети очень любят … .	(А) домашних животных (Б) домашние животные (В) с домашними животными (Г) о домашних животных
60	Все студенты нашей группы приняли участие … .	(А) спортивные соревнования (Б) на спортивные соревнования (В) в спортивных соревнованиях (Г) к спортивным соревнованиям
61	В Москве находится много … .	(А) к иностраным посольствам (Б) иностраные посольства (В) о иностраных посольствах (Г) иностраных посольств
62	Нужно уважать … .	(А) старшие (Б) старшим (В) старших (Г) старшими
63	… борется за свои права.	(А) Современная молодёжь (Б) Современной молодёжи (В) Современную молодёжь (Г) О современной молодёжи
64	Родители всегда любят … .	(А) со своими детьми (Б) своих детей (В) своим детям (Г) о своих детях
65	Нельзя открывать дверь … . Это опасно.	(А) незнакомых людей (Б) с незнакомыми людьми (В) незнакомым людям (Г) незнакомые люди
66	Спектакли в московских театрах обычно начинаются ровно … вечера.	(А) к семи часам (Б) в семь часов (В) с семи часов (Г) после семи часов

67	Президент фирмы перенёс собрание … декабря.	(А) третье (Б) третьего (В) на третье (Г) по третье
68	— Георгий, … тебе сейчас звонил?	(А) кому (Б) с кем (В) кого (Г) кто
69	— Пожалуйста, подождите. Директор вернётся … .	(А) на минуту (Б) через минуту (В) за минуту (Г) минута
70	— Наталия Ивановна, налейте мне, пожалуйста, чашку … .	(А) чёрного кофе (Б) чёрный кофе (В) с чёрным кофе
71	Первый советский космонавт Юрий Гагарин полетел в космос … .	(А) 1961-ого года (Б) в 1961-ом году (В) 1961-ый год
72	Туристы поедут на автобусную экскурсию … .	(А) на пятницу (Б) в пятницу (В) к пятнице (Г) за пятницу
73	Моя сестра родилась … .	(А) третье мая 2012-ый год (Б) третьего мая 2012-ого года
74	Молодёжный фестиваль в этом году состоится … .	(А) на сентябрь (Б) к сентябрю (В) за сентябрь (Г) в сентябре
75	— Кира, сколько … в неделю ты будешь заниматься русским языком?	(А) дни (Б) по дням (В) дней (Г) на днях
76	Прошла ещё … .	(А) одну неделю (Б) одна неделя (В) одной недели (Г) одной неделе

| 77 | Диего приехал учиться в Москву … . | (А) в году
(Б) в год
(В) за год
(Г) на год |

ЧАСТЬ III

Задания 78–127. Выберите правильную форму.

78	— Лена, ты завтра … на концерте?	(А) выступай (Б) будешь выступать (В) выступала
79	— Олег, мне очень … пить. Пожалуйста, принеси стакан воды.	(А) хочу (Б) хочешь (В) хочется
80	Учитель просит учеников не … на экскурсию.	(А) опаздывают (Б) опаздывать (В) опаздывали
81	Мне очень приятно … с вами.	(А) познакомился (Б) познакомиться (В) познакомится
82	— Прозвенел будильник. Пора … .	(А) вставал (Б) вставать (В) встаёт
83	— Мама, я сейчас занята. Пусть лучше Сергей … за хлебом.	(А) сходит (Б) сходим (В) сходить
84	— Ребята, давайте … на каникулах в горы.	(А) поехать (Б) поехали (В) поедем
85	Раньше в этом магазине … недорогие фрукты.	(А) продавали (Б) продали
86	— Разрешите … вас на танец?	(А) приглашать (Б) пригласить

87	Вчера мой брат целый вечер … свой мобильный телефон.	(А) нашёл (Б) искал
88	— Нина, у тебя ещё есть время. Экзамены … только через неделю.	(А) начнут (Б) начнутся
89	Проблема климата … учёными многих стран.	(А) исследует (Б) исследовала (В) исследуется
90	В этом году моя сестра … среднюю школу.	(А) окончила (Б) окончилась
91	Он долго … с другом из Австрии.	(А) переписывал (Б) переписывался
92	Отдыхая на юге, мы несколько раз в день … в море.	(А) купали (Б) купались
93	В газете написали об учёном, … на десяти языках.	(А) говорящий (Б) говорящем (В) говорящего
94	Артём, … несколько тысяч марок, показал нам свою коллекцию.	(А) собирающий (Б) собиравший (В) собравший
95	В нашем институте очень популярны вечера, … латиноамериканскими студентами.	(А) организующий (Б) организовавшие (В) организованные
96	Мне нравится книга, … отцом.	(А) подарена (Б) подаренная (В) подарившая
97	Эти фотографии … талантливым фотографом.	(А) сделаны (Б) сделанные (В) сделавшие
98	… спортивные газеты, Вадим всегда ищет статьи о своём любимом футбольном клубе.	(А) Просматривая (Б) Просмотрев
99	… билет на поезд, мы отправились на вокзал.	(А) Покупая (Б) Купив
100	… книгу, Андрей несколько дней думал о ней.	(А) Прочитав (Б) Читая

101	В детстве отец часто … своих детей в зоопарк.	(А) водил (Б) вёл
102	Занятия по истории в нашей группе … профессор Фролов.	
103	— Папа, я помню, как в детстве ты … меня в цирк.	
104	— Посмотрите, как лыжники быстро … с такой высокой горы.	(А) катаются (Б) катятся
105	Зимой каждое воскресенье они … на коньках.	
106	Мои братья … на велосипедах в парке.	
107	Такси … медленно, и мы можем опоздать на вокзал.	(А) ездит (Б) едет
108	Каждую неделю он … в командировки.	
109	— Посмотрите, какая большая собака … в машине!	
110	Ежедневно автобус № 5 … пассажиров из центра до вокзала.	(А) возит (Б) везёт
111	У Дениса сломались часы, поэтому он … их в ремонт.	
112	Два раза в неделю мать … детей в музыкальную школу.	
113	В понедельник режиссёр … в Италию для участия в кинофестивале.	(А) летает (Б) летит
114	Мой друг часто … отдыхать в тёплые страны.	
115	Чтобы успеть к началу конференции, учёный … на самолете.	
116	Анвар был на дискотеке, поэтому … домой поздно.	(А) вошёл (Б) подошёл (В) пришёл (Г) вышел
117	— Моего соседа сейчас нет в комнате. Он … покурить.	
118	Мужчина … к кассе и купил билет на поезд.	

119	Когда я … до остановки, мой автобус уже уехал.	(А) перебежал (Б) добежал (В) забежал (Г) пробежал
120	Спортсмен … несколько километров за час.	
121	Пока не было машин, пешеход быстро … на другую сторону улицы.	
122	Теплоход только что … от берега.	(А) поплыл (Б) подплыл (В) проплыл (Г) отплыл
123	У Феликса недавно начался отпуск, поэтому он … с друзьями на корабле по Волге.	
124	Корабль … мимо красивой церкви на берегу.	
125	Моя сестра всегда … дорогу по пешеходному переходу.	(А) заходит (Б) уходит (В) переходит (Г) сходит
126	Каждый день Иван Иванович … с работы в 6 часов вечера.	
127	Мама всегда … в магазин за хлебом, когда идёт с работы домой.	

Задания 128–129. Выберите синонимичную форму.

128	Серьёзно занимаясь музыкой, моя сестра одновременно интересуется живописью.	(А) Моя сестра только серьезно занимается музыкой и совсем не интересуется живописью. (Б) Моя сестра серьезно занимается и музыкой и интересуется живописью. (В) Моя сестра интересуется живописью и редко занимается музыкой.
129	Объяснив новую тему по грамматике, преподаватель начал задавать студентам вопросы.	(А) Преподаватель начал задавать студентам вопросы, а потом объяснил новую тему по грамматике. (Б) Когда преподаватель объяснит новую тему по грамматике, он начнёт задавать студентам вопросы. (В) После того как преподаватель объяснил студентам новую тему по грамматике, он начал задавать им вопросы.

ЧАСТЬ IV

Задания 130–141. Выберите правильный вариант.

130	Ксению все хвалят. Она ... хорошо танцует, ... прекрасно рисует.	(А) ни ... ни (Б) или ... или (В) не только ... но и
131	Книжная выставка, ... были показаны книги молодых писателей, завтра работает последний день.	(А) на которую (Б) на которой (В) на которой
132	Яна спросила подругу, ... она английский язык.	(А) чтобы изучала (Б) изучает ли (В) что изучит

133	… профессор прочитал лекцию, ему начали задавать вопросы.	(А) В то время как (Б) После того как (В) Перед тем как
134	— Соня, ты не знаешь, … недавно звонила Юля?	(А) кому (Б) кого (В) с кем
135	Когда больной принял лекарство, ему … лучше.	(А) станет (Б) стало (В) становится
136	— Ты должен много трудиться, … достигнешь своей цели.	(А) пока (Б) пока не
137	Прошло много лет … мы окончили университет.	(А) до тех пор, как (Б) с тех пор, как (В) по мере того, как
138	… Вера так долго собиралась, мы опоздали на концерт.	(А) Из-за того что (Б) Благодаря тому что
139	Мать послала дочь на рынок, … она купила овощи и фрукты.	(А) чтобы (Б) для (В) за
140	… свой возраст, мой дедушка сам водит машину.	(А) Хотя (Б) Несмотря на (В) Но
141	… человек заботился о природе, сейчас она была бы в лучшем состоянии.	(А) Если бы (Б) Если

Задания 142–165. Прочитайте текст. Выберите правильный вариант.

Новые слова:
венчаться — обвенчаться — bemarried (in church)
метель — snowstorm, blizzard
офицер — officer
священник — priest

… (142) жила 17-летняя девушка, очень … (143) читать французские романы … (144). Девушку … (145) Марья Гавриловна, и была она дочерью … (146). Она полюбила Владимира, бедного офицера, … (147) недалеко … (148). Но её родители не хотели, чтобы их дочь вышла замуж за Владимира и жила в бедности. И тогда молодые люди, которые не могли жить … (149), решили тайно пожениться. Они думали, что после свадьбы они всё … (150) родителям, и те, конечно, их простят. Наступила зима. … (151), когда Марья Гавриловна решила бежать … (152), началась метель. Однако это не помешало девушке приехать … (153), где её рано утром должен … (154) жених. Но его там … (155).

… (156) из дома, Владимир потерял дорогу, потому что погода испортилась. Стало очень темно, пошёл снег, и подул сильный ветер. Если бы Владимир не потерял в темноте дорогу, … (157) на Марии Гавриловне.

Марья Гавриловна … (158) Владимира в церкви до утра. Наконец, офицер приехал. Священник их быстро обвенчал. Когда Мария Гавриловна посмотрела на офицера, она поняла, что это другой человек, не Владимир. Это была ужасная ошибка. Девушка долго плакала, а потом вернулась домой одна. Больше она никогда не вспоминала … (159). Вскоре после этого случая Владимир уехал на войну и через несколько месяцев погиб.

… (160) Марья Гавриловна познакомилась с офицером по фамилии Бурмин. Они полюбили … (161), но молодой человек никогда ничего не говорил ей о своём чувстве. Уже все соседи обсуждали их свадьбу, а Бурмин всё молчал. Наконец, он объяснил Марье Гавриловне своё поведение, … (162) ей страшную тайну. Он рассказал, что был женат, но не знал, кто его жена. А дело было так. Однажды, … (163) от сильной метели, Бурмин под утро оказался в церкви, где увидел красивую девушку. Его подвели к ней, и их быстро … (164). Когда Бурмин хотел … (165) её, она впервые посмотрела на него и вдруг, закричав «Не он! Не он!», упала без памяти. Больше Бурмин не видел девушку, над которой так жестоко пошутил в ту ужасную ночь. Теперь, наверное, вы догадались, что этой девушкой была Марья Гавриловна.

142. (А) В одну деревню
     (Б) В одной деревне
     (В) Из одной деревни

143. (А) любящая
     (Б) любимая
     (В) любившая

144. (А) за большую любовь
     (Б) от большой любви
     (В) о большой любви

145. (А) звали
     (Б) назвали
     (В) позвали

146. (А) богатого помещика
     (Б) с богатым помещиком
     (В) у богатого помещика

147. (А) живший
     (Б) жившему
     (В) жившего

148. (А) у неё
     (Б) от неё
     (В) к ней

149. (А) друг у друга
     (Б) друг с другом
     (В) друг без друга

150. (А) будут объяснять
     (Б) объяснили
     (В) объяснят

151. (А) Тот день
     (Б) В тот день
     (В) О том дне

152. (А) домой
     (Б) в дом
     (В) из дома

153. (А) в церкви
     (Б) в церковь
     (В) из церкви

154. (А) был ждать
     (Б) ждал
     (В) ждал бы

155. (А) не был
     (Б) не было бы
     (В) не было

156. (А) Выехал
     (Б) Выехав
     (В) Выезжая

157. (А) он приехал вовремя
         и женился
     (Б) он бы приехал вовремя
         и женился
     (В) приехал ли он вовремя
         и женился ли

158. (А) прождав
     (Б) ожидая
     (В) прождала

159. (А) к своему жениху
     (Б) о своём женихе
     (В) со своим женихом

160. (А) За три года
     (Б) В три года
     (В) Через три года

161. (А) друг другом
     (Б) друг друга
     (В) друг другу

162. (А) была открыта
     (Б) открыли
     (В) открыв

163. (А) спасался
     (Б) спасаясь
     (В) спасся

164. (А) обвенчали
     (Б) обвенчались
     (В) обвенчали бы

165. (А) поцеловать
     (Б) поцеловал
     (В) поцелует

Субтест 2
ЧТЕНИЕ

Инструкция к выполнению теста

Время выполнения теста — 50 минут.

При выполнении теста можно пользоваться словарём.

Тест состоит из 3 текстов, 20 тестовых заданий и матрицы.

Напишите ваше имя и фамилию, страну, дату тестирования на матрице.

Выберите правильный вариант ответа и отметьте соответствующую букву в матрице. Например:

   (Б — правильный вариант).

Если вы ошиблись и хотите исправить ошибку, сделайте так:

   (В — ошибка, Б — правильный вариант).

Отмечайте правильный выбор только в матрице, в тексте ничего не пишите (проверяется только матрица).

Задания 1–8. Прочитайте текст 1 — фрагмент из книги «Самые известные российские праздники». Выполните задания после него.

ТЕКСТ 1
ЗИМНИЕ ПРАЗДНИКИ

Новый год — один из самых любимых и весёлых праздников во всём мире, но в разных странах люди отмечают (празднуют) его по-разному и в разное время.

Как это было раньше, в старину?

Например, древние греки праздновали Новый год после 21 июня, когда на небе появлялась новая, молодая луна.

В Древнем Риме Новый год начинался 1 марта.

Почти во всей Европе в Средние века начало нового года было 25 марта.

А как и когда люди отмечают Новый год в разных странах сейчас?

Большинство жителей христианских стран празднуют Новый год 1 января. Китайцы отмечают этот праздник два раза в год. Первый раз — 1 января, как европейцы, американцы и многие другие, а второй раз — в день Нового года по китайскому лунному календарю, а это может быть любой день между 23 января и 19 февраля.

Корейцы празднуют Новый год три первых дня в январе.

В Индонезии тоже два праздника. Один — 1 января, второй — исламский Новый год, его дата каждый год меняется.

Иран празднует Новый год 21 марта.

Разные религиозные группы в Индии встречают Новый год в разное время.

А что же в России?

До Петра I в России Новый год праздновали не в морозные дни января, а в сентябре, когда крестьяне собирали урожай. Но Пётр I решил сделать всё, как в Европе, и приказал «не дурить людям головы» и встречать Новый год в ночь с 31 декабря на 1 января. Это он, царь-реформатор, ввёл новые традиции: поздравлять друг друга с Новым годом, желать друг другу здоровья, счастья, благополучия, дарить подарки, украшать ёлки, играть с детьми в зимние игры, а взрослым запретил драться и быть пьяными в этот день, так как «на это и других дней хватает» (так было написано в указе (законе) Петра). Первый праздник, когда в России люди встречали Новый год по европейской традиции, — а это был 1700 год — прошёл под личным руководством царя, с красивым фейерверком.

И ещё одна традиция родилась в то время: обязательно в полночь 31 декабря быть всем членам семьи вместе за одним столом. Эти традиции живут в России уже более 300 лет.

У русских существовало много интересных обычаев, связанных с этим праздником. Например, в Новый год хозяйки готовили много вкусной еды, чтобы весь год семья жила сытно, а не голодала. Перед Новым годом люди заканчивали все свои дела, и 1 января никто не занимался тяжёлой и грязной работой, потому что считали, что если работать в этот день, то весь год люди будут много трудиться и не будут отдыхать. Вечером 31 декабря и весь следующий день люди надевали новую одежду и даже несколько раз переодевались, чтобы весь год были обновы, новые вещи. Была ещё одна интересная традиция: в Новый год, 31 декабря и 1 января, не нужно было отдавать долги, чтобы весь год не отдавать свои деньги другим людям. Это нужно было сделать до праздника. Люди считали, что если первый день Нового года был весёлый и счастливый, то и весь год будет такой. Обычно девушки на Святки гадали. Они думали, что гадание в это время будет самым верным, правильным. Было много разных гаданий, но большинство из них было о замужестве, о женихе.

В России есть ещё один любимый праздник. Он называется «старый Новый год». Что это? Парадокс? Нет, в этот день, 14 января, русская православная церковь празднует Новый год по старому, юлианскому календарю. В нашей стране это обычный рабочий день. В этот день все люди работают, но настроение у всех праздничное. Для русских это ещё одна причина собраться всем вместе в семье или с друзьями за столом. «Приходите к нам на старый Новый год», — эти слова часто можно услышать в первые две недели января.

Но, конечно, главный христианский праздник — Рождество, день рождения Иисуса Христа. В католической церкви его празднуют 25 декабря, а в православной — 7 января. В этот день люди украшают церкви и дома, ходят в гости к родственникам и друзьям, принимают гостей у себя, поздравляют друг друга с праздниками, дарят друг другу подарки, готовят традиционные рождественские блюда. Чаще всего это гусь.

В день накануне Рождества православные ничего не едят до самого вечера, потому что это последний день православного поста, который продолжался сорок дней. Люди ждут, когда на небе появится первая звезда, которая символизирует рождение Иисуса Христа.

После Рождества в России начинаются Святки, или святые вечера, которые продолжаются до 19 января, до большого церковного праздника — Крещения. Святки — это период, когда вспоминают древние обычаи и традиции. Например, люди надевают маскарадные костюмы, маски, чтобы испугать и прогнать злых духов.

Святки — это весёлые игры, песни и, конечно, встречи с родственниками и друзьями. В этот день дети собираются вместе и ходят в гости к соседям, знакомым и незнакомым людям, поют там песни, танцуют, а взрослые дарят им конфеты, печенье, орехи, подарки.

И, конечно, тот, кто хочет узнать о своём будущем, на Святки тоже гадает.

Выберите вариант, который наиболее полно и точно отражает содержание текста.

1. В зависимости от лунного календаря Новый год отмечают в любой день с 23 января по 19 февраля … .
(А) в Иране
(Б) в Китае
(В) в Индонезии

2. Дата … Нового года каждый год меняется.
(А) православного
(Б) исламского
(В) католического

3. В Корее Новый год празднуют … .
(А) каждый год в разное время
(Б) после 21 июня, когда на небе появляется новая луна
(В) три первых дня в январе

4. До Петра I в России Новый год отмечали … .
(А) два раза: первый раз 1 января, второй — в день Нового года по лунному календарю
(Б) в сентябре, после сбора урожая
(В) в морозные дни января

5. В России Новый год встречают … .
(А) в любой день сентября
(Б) в кругу семьи в полночь 31 декабря
(В) между 23 января и 19 февраля, с грандиозным фейерверком

6. В современной России 14 января — в праздник «старого Нового года» — … .
(А) люди работают, потому что это обычный рабочий день
(Б) никто не работает, потому что у всех хорошее, праздничное настроение
(В) все отказываются работать, потому что Русская православная церковь в этот день празднует Новый год по старинному юлианскому календарю

7. Накануне Рождества православные люди … .

(А) весь день едят традиционные рождественские блюда

(Б) ходят к знакомым и незнакомым и дарят им сладости

(В) начинают есть, когда на небе появляется первая звезда

8. Святки — это православный праздник, когда люди надевают маскарадные костюмы и маски, чтобы … .

(А) принимать у себя гостей

(Б) петь друзьям веселые песни и гадать

(В) испугать и прогнать злых духов

Задания 9–14. Прочитайте текст 2 — фрагмент из биографии известного русского учёного-физика Анатолия Петровича Александрова. Выполните задания после него.

ТЕКСТ 2

ЧЕЛОВЕК, ПОПАВШИЙ В ИСТОРИЮ

Среди учёных ходит одна легенда, хотя этот случай произошёл на самом деле. Однажды к известному русскому учёному-физику академику Абраму Фёдоровичу Иоффе пришёл совсем молодой человек и предложил ему ещё раз внимательно ознакомиться с результатами своих последних научных исследований. Внимательно всё проверив, Абрам Фёдорович понял, что он, знаменитый физик, сделал в своём исследовании ошибку, а юный коллега нашёл её и исправил. Поэтому нужно было исследовать всё сначала. Знаменитый учёный и юноша так и сделали. С этого момента опытный физик А.Ф. Иоффе и молодой человек, которого звали Анатолий Александров, начали работать вместе. Так началась блестящая научная карьера Анатолия Петровича Александрова.

Одним из самых важных и напряжённых этапов его жизни можно назвать 1936–1942 годы, когда А.П. Александров возглавил работы по противоминной защите морских кораблей. Благодаря его научным исследованиям во время Второй мировой войны были спасены многие корабли и жизнь многих тысяч людей.

Долгие годы учёный занимался исследованием ядерной энергии. В 1960 году, после смерти известного советского физика-ядерщика академика И.В. Курчатова, «отца» советской атомной бомбы, А.П. Александров возглавил Институт атомной энергии и почти тридцать лет был научным руководителем программ по разработке и строительству ядерных реакторов. Люди, близко знавшие А.П. Александрова, говорили, что Чернобыльская катастрофа стала для него личной трагедией. Учёный считал, что он тоже виноват в том, что произошло на Чернобыльской атомной электростанции в 1986 году.

Вот что рассказывали об А.П. Александрове его коллеги и друзья. Например, академик К. Фролов вспоминал: «Анатолий Петрович всегда был очень работоспособным человеком. Много лет он являлся членом Российской академии наук, но даже в старости он не пропускал ни одного собрания, которые проходили в Академии наук. Выступления Анатолия Петровича на конференциях, на защитах диссертаций всегда были интересными, краткими, ясными. Он никогда не читал текст своего выступления, не говорил по бумажке».

Из других воспоминаний его коллег известно, что у А.П. Александрова были не только научные интересы. Например, в свободное время он с удовольствием ходил на рыбалку, часто охотился. Известный учёный очень увлекался музыкой и театром. Каждый год в его квартире дети, друзья и родственники играли в театр. Они ставили домашние спектакли. Костюмы для спектаклей готовили сами члены его семьи. Других «артистов» тоже всегда было много. Анатолий Петрович любил показывать свою семейную фотографию, на которой… больше сорока человек! У него было четверо детей: три сына и дочь. Все они тоже стали учёными — два физика и два биолога. А вот внуков и правнуков у известного академика было около сорока. Среди них есть филологи, экономисты, бизнесмены — люди разных профессий.

Академик Ю.А. Осипьян вспоминал: «Анатолий Петрович был очень весёлым человеком, любил шутить. Каждую зиму он с сыном и внуками строил около дома большую ледяную гору, а когда собирались гости, среди которых были государственные деятели и известные учёные, А.П. Александров всех приглашал покататься с этой горы. Нужно было обязательно лечь и ехать с горы лёжа. Для этого всем гостям давали старую одежду. Если кто-то из гостей отказывался от этого развлечения, значит, он не мог стать своим человеком в доме А.П. Александрова. Вот такой особый тест для гостей был у академика».

Вообще у А.П. Александрова было прекрасное чувство юмора. Например, когда кто-нибудь шутил над его большой, гладкой, лысой головой, почти как у Фантомаса, героя известной французской кинокомедии, он смеялся громче всех.

Выберите вариант, который наиболее полно и точно отражает содержание текста.

9. Ошибку в исследовании русского учёного-физика академика А.Ф. Иоффе нашёл … .

(А) знаменитый учёный-физик

(Б) начинающий молодой физик

(В) член Российской академии наук

10. Во время Второй мировой войны жизни тысяч моряков были спасены благодаря исследованиям учёных … под руководством А.П. Александрова.

(А) по противоминной защите морских кораблей

(Б) по ядерной энергии

(В) по разработке и строительству ядерных реакторов

11. Авария на Чернобыльской атомной электростанции произошла … .

(А) в 1936 году

(Б) в 1960 году

(В) в 1986 году

12. Являясь членом Российской академии наук, А.П. Александров … её собрания.

(А) иногда посещал

(Б) никогда не пропускал

(В) никогда не посещал

13. Дети А.П. Александрова стали … .

(А) физиками и филологами

(Б) бизнесменами и экономистами

(В) физиками и биологами

14. Когда зимой к А.П. Александрову приезжали гости, он приглашал их … .

(А) покататься с ледяной горы

(Б) на рыбалку

(В) на охоту

Задания 15–20. Прочитайте текст 3 — одну страшную историю из жизни Алексея. Выполните задания после него.

ТЕКСТ 3

Вы, наверное, любите ходить в кино. Мой друг Алексей тоже очень любит смотреть фильмы, особенно страшные. Его любимый фильм — «Вампир в городе», и вы поймёте почему, когда узнаете об одной истории, которая случилась с ним летом.

Его небольшая семья — он сам, жена, сын и дочь — живёт недалеко от Москвы в небольшом старинном городке. Однажды его жена и дочь уехали отдыхать на всё лето в деревню к бабушке, а он с сыном остался дома. Через несколько дней после отъезда жены и дочери сын Алексея должен был поехать вместе с учителем по истории на экскурсию по древним городам России. Поезд уходил в понедельник в 10 часов утра из Москвы, с Киевского вокзала, поэтому они с сыном встали рано утром и поехали в Москву, чтобы не опоздать на поезд. Они приехали вовремя. Сын попрощался с отцом и сел в поезд. Отец помахал сыну рукой и, когда поезд отошёл от станции, пошёл гулять по городу. Мой друг очень любит Москву. Когда он приезжает сюда, он всегда гуляет по улицам и проспектам, отдыхает в парках, посещает выставки и музеи, ходит в театры.

Так было и в этот раз. Алексей немного погулял по центру Москвы и пришёл в Лаврушинский переулок. Там находится известный музей «Третьяковская галерея», и ему, конечно, захотелось ещё раз посмотреть картины художников, которые все русские знают с детства. Все картины были прекрасные, и он долго ходил по музею. Когда Алексей вышел из галереи, был уже вечер. Он вернулся на поезде из Москвы в свой маленький городок, медленно дошёл до дома, поднялся на свой последний этаж, достал ключ и уже хотел открыть дверь, но вдруг, к своему ужасу, заметил, что дверь не закрыта. Сначала он подумал, что утром, когда они с сыном поехали в Москву на вокзал, они так спешили, что забыли закрыть дверь. Но потом он точно вспомнил, что, перед тем как спуститься с лестницы, его сын напомнил ему ещё раз посмотреть, закрыл ли он дверь на ключ. И она действительно была закрыта.

Алексей толкнул её, но она почему-то не открывалась. Тогда он толкнул её ещё раз сильнее. Казалось, что кто-то держит её изнутри. Алексей со всей силы толкнул дверь, и она наконец открылась. Оказалось, что у двери лежали тяжёлые гантели сына и мешали открыть дверь.

Когда Алексей вошёл в квартиру, то неожиданно увидел длинную верёвку, которая была привязана к лампе на потолке. На конце верёвки была записка, в которой кривыми буквами было написано: «Жди! Сегодня ночью я приду за тобой». В конце записки стояла подпись известного героя фильмов ужасов: «Вампир». Но это было не всё. На кухне, куда мой друг вошёл, чтобы выпить стакан воды, он увидел на столе ещё одну записку: «Я всегда за тобой слежу. Тебе от меня никуда не уйти. Я найду тебя везде и всегда. Вампир». Это было уже слишком. Сначала Алексей решил, что кто-то хочет подшутить над ним. Но кто? Ведь никого не было дома: жена и дети уехали. «Может быть, кто-то спрятался в квартире?» — подумал Алексей и внимательно осмотрел все комнаты, но никого не нашёл.

Потом он перечитал записки ещё раз, и ему стало страшно. Тогда он позвонил в полицию и рассказал, что произошло. Полицейский выслушал рассказ Алексея и сказал ему, чтобы он не волновался. Он сказал, что скоро приедет к нему домой, и попросил Алексея никуда не уходить из квартиры.

Через полчаса полицейский приехал. Войдя в квартиру, он внимательно осмотрел её, прочитал записки и спросил, живут ли в этой квартире дети и если живут, то сколько им лет. Мой друг ответил, что здесь живут его дети: дочь и сын, но сейчас их нет дома, потому что они уехали отдыхать. Он сказал, что его дочери 15 лет, а сыну недавно исполнилось 19 лет. Тогда полицейский попросил Алексея принести ему школьные тетради детей. Когда он взял тетради и сравнил их с записками, то почему-то засмеялся и потом сказал: «Я уверен, что это сделал ваш сын».

Через неделю сын Алексея вернулся домой после экскурсии. Увидев сына, отец спросил его, зачем он написал эти страшные записки. И вот что сын рассказал отцу. После того как они попрощались в Москве на вокзале, мальчик поехал в поезде на экскурсию по старинным городам. Но первым городом, который они должны были посетить, был их маленький городок, где Алексей живёт со своей семьёй. Все ребята пошли на экскурсию по городу с экскурсоводом, а сын Алексея решил поехать домой, потому что он прекрасно знал свой город и всё самое интересное в нём он уже видел. Ему было скучно одному в квартире, и он решил пошутить над своим папой. Но как? Сын очень любил смотреть фильмы про вампиров. А отцу, наоборот, эти фильмы не нравились. Чтобы испугать отца, мальчик быстро написал страшные записки, специально не закрыл дверь и пошёл на вокзал. Остальное вы уже знаете. Теперь Вампир стал любимым киногероем Алексея.

Выберите вариант, который наиболее полно и точно отражает содержание текста.

15. Данному тексту наиболее точно соответствует название … .
(А) «Моя дружба с Алексеем»
(Б) «Экскурсия в Третьяковскую галерею»
(В) «Страшная история»

16. Семья моего друга Алексея живёт … .
(А) в маленьком городке
(Б) в Москве
(В) в деревне

17. Сын Алексея отправился на экскурсию … .
(А) в Третьяковскую галерею
(Б) по старинным русским городам
(В) в музей

18. Прочитав записки, Алексей испугался и позвонил … .
(А) в полицию
(Б) своему другу
(В) своей жене

19. Школьные тетради детей Алексея внимательно посмотрел и сравнил с записками … .
(А) учитель по истории
(Б) экскурсовод
(В) полицейский

20. Страшные записки написал … .
(А) друг Алексея
(Б) сын Алексея
(В) дочь Алексея

Субтест 3
АУДИРОВАНИЕ

Инструкция к выполнению теста

Время выполнения теста — 35 минут.

При выполнении теста пользоваться словарём нельзя.

Тест состоит из 6 частей, 30 заданий к ним и матрицы.

Напишите ваше имя и фамилию, страну, дату тестирования на матрице.

Вы прослушаете 6 аудиотекстов. Все аудиотексты звучат один раз. После прослушивания текста выберите правильный вариант и отметьте соответствующую букву в матрице. Например:

(Б — правильный вариант).

Если вы ошиблись и хотите исправить ошибку, сделайте так:

(В — ошибка, Б — правильный вариант).

Отмечайте правильный выбор только в матрице, в тексте ничего не пишите (проверяется только матрица).

Задания 1–5. Прослушайте аудиотекст 1 — радиопередачу «Необычный студент». Постарайтесь понять, почему этого студента называют самым необычным. Выполните задания к аудиотексту.

Время выполнения задания — до 5 минут.

Слушайте аудиотекст 1
(Звучат аудиотекст 1 и задания к нему.)

1. Несколько лет назад в Технический университет поступил необычный студент, которому было … .

    (А) двенадцать лет

    (Б) восемь лет

    (В) десять лет

2. Эрнесто Евгения Санчеса Шайду приняли в университет … .

(А) после окончания средней школы

(Б) после сдачи вступительных экзаменов

(В) после участия в олимпиаде по математике

3. В первом классе он занимался математикой по учебнику для учеников … .

(А) первого класса

(Б) одиннадцатого класса

(В) пятого класса

4. Сейчас Эрнесто Евгений Санчес Шайда учится в … .

(А) школе

(Б) Московском техническом университете

(В) американском университете

5. У Эрнесто … .

(А) есть взрослый друг в Америке

(Б) нет друзей

(В) много школьных друзей

Задания 6–10. **Прослушайте аудиотекст 2 — фрагмент выступления ректора Российского университета дружбы народов. Вы должны понять тему выступления. Выполните задания к аудиотексту.**

Время выполнения задания — до 5 минут.

Слушайте аудиотекст 2
(Звучат аудиотекст 2 и задания к нему.)

6. Тема выступления ректора … .

(А) «50 лет Российскому университету дружбы народов».

(Б) «Космос и Российский университет дружбы народов».

(В) «Начало нового учебного года».

7. Российский университет дружбы народов был основан … .

(А) в 1992 году

(Б) несколько лет назад

(В) в 1960 году

8. Иностранные космонавты … в нашем университете.

(А) работали

(Б) получили второе высшее образование

(В) изучали русский язык

9. По рейтингу лучших университетов России РУДН занимает … среди университетов России.

(А) пятое место

(Б) одно из первых пяти мест

(В) первое место

10. Один из главных плюсов университета — это возможность … .

(А) заниматься спортом

(Б) стать аспирантом

(В) получить несколько дипломов

Задания 11–15. **Прослушайте аудиотекст 3 — рекламу гостиницы. Постарайтесь понять информацию о гостинице. Выполните задания к аудиотексту.**

Время выполнения задания — до 10 минут.

Слушайте аудиотекст 3
(Звучат аудиотекст 3 и задания к нему.)

11. Гостиница «Атлас Парк-Отель» находится … .

(А) в Москве

(Б) в Московской области

(В) в Африке

12. Чтобы доехать до гостиницы на машине, вам нужно … .

(А) полтора часа

(Б) час

(В) меньше часа

13. В гостинице «Атлас Парк-Отель» влюблённые обычно останавливаются в номере … .

(А) «Любовь»

(Б) «Африка»

(В) «Греческий»

14. В гостинице … .

    (А) нет выхода в Интернет

    (Б) отсутствует бассейн

    (В) есть всё, что нужно гостю для хорошего отдыха

15. «Атлас Парк-Отель» — это место … .

    (А) только для переговоров

    (Б) не только для отдыха, но и для проведения деловых встреч

    (В) только для праздничных обедов и ужинов

Задания 16–20. **Прослушайте аудиотекст 4 — разговор девочки Маши с родителями. Вы должны понять, что они обсуждали и о чём договорились. Выполните задания к аудиотексту.**

Время выполнения задания — до 5 минут.

Слушайте аудиотекст 4
(Звучат аудиотекст 4 и задания к нему.)

16. Маше скоро будет … .

    (А) семь лет

    (Б) шесть лет

    (В) восемь лет

17. Родители Маши предложили ей пригласить друзей … .

    (А) на экскурсию

    (Б) на праздничный обед

    (В) в зоопарк

18. Маша хотела, чтобы её родители подарили ей … .

    (А) велосипед

    (Б) фотоаппарат

    (В) мобильный телефон

19. Маша попросила родителей подарить ей подарки на день рождения … .

    (А) за этот год

    (Б) за прошлый год

    (В) за следующие два года

20. Родители решили поздравить Машу … .

    (А) с семилетием

    (Б) с восьмилетием

    (В) с девятилетием

Задания 21–25. **Прослушайте аудиотекст 5 — разговор на улице. Постарайтесь понять, с кем и о чём говорил Диего. Выполните задания к аудиотексту.**

Время выполнения задания — до 5 минут.

Слушайте аудиотекст 5

(Звучат аудиотекст 5 и задания к нему.)

21. Диего разговаривал … .

    (А) с русским студентом

    (Б) с преподавателем

    (В) с полицейским

22. Диего хочет быть … .

    (А) историком

    (Б) филологом

    (В) журналистом

23. Диего … .

    (А) хорошо говорит по-русски

    (Б) совсем не говорит по-русски

    (В) плохо говорит по-русски

24. На подготовительном факультете учатся … .

    (А) только иностранные студенты

    (Б) российские студенты

    (В) российские и иностранные студенты

25. Завтра Диего хочет пойти … .

    (А) в Кремль

    (Б) в Исторический музей

    (В) в университет

Задания 26–30. Прослушайте аудиотекст 6 — разговор Антона и Дениса. Вы должны понять, кого и куда пригласила Даша. Выполните задания к аудиотексту.

Время выполнения задания — до 5 минут.

Слушайте аудиотекст 6
(Звучат аудиотекст 6 и задания к нему.)

26. Даша пригласила друзей … .
(А) на свой день рождения
(Б) на новоселье
(В) на экскурсию

27. К Даше пойдут (пойдёт) … .
(А) Антон и Денис
(Б) только Антон
(В) один Денис

28. Праздник состоится в … .
(А) среду
(Б) понедельник
(В) субботу

29. Денис должен купить … .
(А) розы
(Б) конфеты
(В) торт и шампанское

30. Антон и Денис ещё подарят Даше … .
(А) электрический чайник
(Б) красивые чашки
(В) вазу

Звучащие материалы к субтесту 3
АУДИРОВАНИЕ

Задания 1–5. Прослушайте аудиотекст 1 — радиопередачу «Необычный студент». Постарайтесь понять, почему этого студента называют самым необычным. Выполните задания к аудиотексту.

АУДИОТЕКСТ 1
НЕОБЫЧНЫЙ СТУДЕНТ

Несколько лет назад в Московском государственном техническом университете имени Н.Э. Баумана, куда поступить очень трудно, начал учиться необычный студент. Его звали Эрнесто Евгений Санчес Шайда, ему было 12 лет, и он ещё не окончил среднюю школу. Его приняли в университет без вступительных экзаменов.

Кто же он, этот гениальный ребёнок? И почему у него такое необычное имя: Эрнесто Евгений Санчес Шайда. Первое имя — имя отца-кубинца. Его мать Татьяна Шайда познакомилась со студентом-кубинцем на дискотеке. Молодой человек учился в Москве, в университете. Девушка и юноша полюбили друг друга и поженились. Второе имя — имя деда, отца его матери. С самого раннего детства Эрнесто Евгений рос необычным ребёнком. Он умел считать и писать, когда ему было только два с половиной года, а в четыре года он уже прекрасно играл в шахматы. В первом классе любимой книгой мальчика был трудный учебник по математике для учеников одиннадцатого класса, последнего класса школы.

Эрнесто начал учиться в первом классе, а через месяц он перешёл уже в пятый класс. В пятом классе ему тоже было скучно заниматься. Талантливый ученик самостоятельно прошёл всю школьную программу.

Конечно, отец и мать гордились своим сыном. Но они волновались, потому что у Эрнесто не было друзей. Ему было неинтересно общаться и играть с одноклассниками.

Однажды ребята из его класса пришли к нему домой в гости. Отец и мать были очень рады. Они приготовили кубинские и русские блюда для детей, а потом сами стали играть с ними. Дети смеялись, веселились, но вдруг родители увидели, что их сын сидит в углу комнаты и решает математические задачи!

Однако у маленького Эрнесто всё-таки есть друг, которому 38 лет! Он учёный и работает в американском университете в Бостоне. Эрнесто переписывается с ним через Интернет. Они обсуждают математические теоремы и формулы. Однажды этот американец спросил мальчика: «Ты что, за свою работу хочешь получить Нобелевскую премию по математике?» Но Эрнесто даже не понял его вопроса, потому что он ничего не знал о Нобелевской премии. Эрнесто Евгению в это время было только 10 лет.

В Москве проходила олимпиада по математике. Родители привезли туда своего сына. Талантливых ребят тестировали известные российские учёные, и самых-самых способных приняли в университет без экзаменов. Среди них был и Эрнесто Евгений Санчес Шайда.

Задания 6–10. Прослушайте аудиотекст 2 — фрагмент выступления ректора Российского университета дружбы народов. Постарайтесь понять тему выступления. Выполните задания к аудиотексту.

АУДИОТЕКСТ 2

Дорогие первокурсники!

Разрешите поздравить вас со всероссийским праздником, Днём знаний, и рассказать вам о Российском университете дружбы народов, где вы будете учиться.

Нашему университету недавно исполнилось 50 лет. Он был основан 5 февраля 1960 года. Раньше наш университет назывался «Университет дружбы народов имени Патриса Лумумбы». В 1992 году решением правительства России наш университет был переименован в Российский университет дружбы народов.

Сейчас в нашем университете десять основных факультетов, семь институтов, более двадцати научно-образовательных центров и шесть филиалов в нескольких российских городах. Университет окончили более 60 тысяч специалистов, которые работают сейчас в 165 странах мира.

В нашем университете работает большой коллектив. Это сотрудники и преподаватели. Среди преподавателей — 16 академиков и членов-корреспондентов, 600 профессоров и докторов наук, свыше 1300 доцентов и кандидатов наук.

Российский университет дружбы народов — это интернациональный университет.

В университете успешно работает одна из лучших методических школ России по обучению иностранных граждан русскому языку и российских граждан иностранным языкам. Все иностранные космонавты, которые летали в космос вместе с российскими космонавтами, изучали русский язык в нашем университете.

Уже несколько лет наш международный классический университет в рейтинге Министерства образования и науки входит в первую пятёрку лучших университетов России. Один из наших основных плюсов — это возможность получить несколько дипломов: по специальности, которую вы выбрали, по одному, двум и даже трём иностранным языкам и по второму высшему образованию.

Кроме того, университет — это активная студенческая жизнь. Это не только учёба, контрольные работы, зачёты, тесты и экзамены, но и занятия в разных студиях, ансамблях, кружках нашего интерклуба. Студенты университета также активно занимаются спортом.

Ежегодно в университете учатся более 25 тысяч студентов, магистрантов и аспирантов из 140 стран мира.

Впереди у нас 2012–2013 учебный год, полный интересных событий, проектов и надежд. Желаю каждому успехов в освоении выбранной профессии. Используйте это важное время с пользой, будьте лучшими!

Удачи вам, успехов и здоровья!

Задания 11–15. Прослушайте аудиотекст 3 — рекламу гостиницы. Постарайтесь понять информацию о гостинице. Выполните задания к аудиотексту.

АУДИОТЕКСТ 3

Уважаемые радиослушатели! А сейчас послушайте рекламу!

Вы устали от городского шума, а до каникул или отпуска ещё далеко. Советуем вам отдохнуть в субботу и воскресенье в прекрасном месте недалеко от Москвы. Туда можно доехать на машине меньше чем за час. Красивая природа и тишина помогут забыть о проблемах. Если вы решите ехать на поезде, то вам нужно будет ехать туда полчаса.

Где же это прекрасное место? Совсем близко. Двадцать девять километров от Москвы. Красивый лес, река, пение птиц и чистый воздух. Гостиница «Атлас Парк-Отель» — прекрасное место для тех, кто хочет отдохнуть.

В трёх современных зданиях гостей ждут 188 удобных номеров. Здесь есть одноместные и двухместные номера, а также номера «люкс» и «комфорт». Каждый номер оформлен в особом, индивидуальном стиле и имеет своё название. Например, номера «Греческий» или «Африка» оформлены в греческом и африканском стилях. В номере, который называется «Любовь», обычно останавливаются влюблённые.

В гостинице есть всё, что нужно гостю: кондиционеры, мини-бары, выход в Интернет, косметические салоны, спортивный зал, сауны, бассейн и многое другое, что необходимо для хорошего отдыха.

На территории отеля находится пять баров на любой вкус. В одном можно пить кофе, в другом — петь и танцевать, в третьем — играть в боулинг.

В гостинице можно не только отдохнуть, но и поработать. Для деловых людей есть современный бизнес-центр, несколько больших конференц-залов, комнаты для переговоров и залы для проведения праздничных обедов и ужинов.

Адрес «Атлас Парк-Отеля»: Московская область, Домодедовский район, деревня Судаково.

Задания 16–20. Прослушайте аудиотекст 4 — разговор девочки Маши с родителями. Постарайтесь понять, что они обсуждали и о чём договорились. Выполните задания к аудиотексту.

АУДИОТЕКСТ 4

(диалог)

— Дорогие родители! Вы не забыли, что завтра у меня день рождения и мне будет семь лет?

— Нет, Маша, не забыли. Приглашай своих друзей, будет праздничный обед.

— Праздничный обед — это хорошо, спасибо. А подарок вы мне уже купили? В прошлом году тоже был праздничный обед.

— Да, был праздничный обед, но мы ещё ездили в цирк и ходили в зоопарк, если ты помнишь.

— Да, помню. Спасибо. Но скажите, в этом году вы купили мне подарок?

— Нет, подарок мы тебе ещё не купили.

— Это хорошо, что вы не купили подарок, потому что сначала надо спросить меня, какой подарок я хочу.

— И что же ты хочешь, дочка?

— Я хочу мобильный телефон. Мне скоро 7 лет, а у меня ещё нет мобильного телефона.

— Маша, ты помнишь, что в прошлом году мы подарили тебе на день рождения фотоаппарат и велосипед. Это очень дорогие вещи, и ты сказала, что это твои будущие подарки, за твои шесть и семь лет. Значит, в этом году мы не должны тебе ничего дарить. Разве мы неправильно тебя поняли?

— Нет, вы поняли меня правильно, но мне очень нужен телефон. Телефон тоже будет будущим подарком, за мои восемь и девять лет. В следующем году и через год вы мне ничего не будете дарить. Вы согласны?

— Хорошо. Мы согласны. Но тогда в этом году мы поздравим тебя не с семилетием, а с девятилетием.

Задания 21–25. Прослушайте аудиотекст 5 — разговор на улице. Постарайтесь понять, с кем и о чём говорил Диего. Выполните задания к аудиотексту.

АУДИОТЕКСТ 5

(диалог)

Полицейский: Здравствуйте! Капитан полиции Петров. Ваши документы, пожалуйста. Вы иностранец?

Диего: Да, меня зовут Диего, я приехал из Бразилии.

Полицейский: Так, хорошо. Ваши документы в порядке. А с какой целью вы приехали в Москву?

Диего: Я хочу учиться в университете. Раньше я хотел быть историком или филологом. Но сейчас я понял, что самая интересная профессия — это журналистика, поэтому я хочу стать журналистом.

Полицейский: Вы уже неплохо говорите по-русски. Сколько времени вы изучаете русский язык?

Диего: Русский язык я изучаю уже полгода на подготовительном факультете. Я много разговариваю с русскими студентами и у нас хорошие преподаватели.

Полицейский: Вы изучаете только русский язык?

Диего: Нет, ещё историю, литературу и журналистику.

Полицейский: А раньше вы уже были в России?

Диего: Нет, я здесь первый раз. Скажите, а где находится Исторический музей?

Полицейский: Это недалеко. Идите прямо, а потом направо. Только сегодня этот музей закрыт. Вы можете пойти на экскурсию в Кремль.

Диего: Я уже был там. Тогда я пойду в музей завтра. Спасибо. До свидания!

Полицейский: Всего хорошего!

Задания 26–30. **Прослушайте аудиотекст 6 — разговор Антона и Дениса. Постарайтесь понять, кого и куда пригласила Даша. Выполните задания к аудиотексту.**

АУДИОТЕКСТ 6

(диалог)

Денис: Антон, привет! Ты знаешь, что Даша переехала в новую квартиру и пригласила меня в гости?

Антон: Денис, это будет в субботу?

Денис: Да, правильно, в субботу. А откуда ты знаешь?

Антон: Вчера на улице я встретил Дашу, и она тоже пригласила меня в гости в субботу.

Денис: Вот и отлично! Антон, давай поедем вместе.

Антон: Согласен. Но нужно сейчас решить, что ей подарить для её новой квартиры. Мы же идём не просто в гости, а на новоселье. Я предлагаю принести ей торт и шампанское.

Денис: Хорошо. А ещё нужно купить Даше цветы. Ты не знаешь, какие цветы она любит?

Антон: Точно не знаю, Денис. Давай купим розы. Их любят все.

Денис: Ты прав. Но какой же ещё купить ей подарок? Ведь мы идём на новоселье, а не на день рождения.

Антон: Может быть, какие-нибудь красивые чашки или вазу?

Денис: Антон, вчера я был в супермаркете и видел там красивый и не очень дорогой электрический чайник.

Антон: Хорошая идея! Это то, что нужно! Тогда договоримся так: за чайник мы заплатим вместе, торт и шампанское купишь ты, Денис, а я принесу розы и конфеты.

Денис: Договорились.

Субтест 4
ПИСЬМО

Инструкция к выполнению теста

Время выполнения теста — 60 минут.
При выполнении теста можно пользоваться словарём.
Тест состоит из 2 заданий.

Задание 1. Вас интересуют две проблемы: защита природы и сохранение культуры. Прочитайте текст и изложите письменно свою точку зрения по следующим вопросам:

1. В какой обстановке живёт современный человек?
2. На какие разделы делится экология?
3. Что значит понятие «культурная среда»?
4. Как воспитать бережное отношение к культурной среде?
5. Объясните, почему, с вашей точки зрения, защита и сохранение культурной среды являются важнейшими задачами экологии культуры?

ЭКОЛОГИЯ КУЛЬТУРЫ

Воспитание любви к родной стране, к родной культуре, к родному языку — важная задача. Эта любовь начинается с любви к своей семье, к своему дому, и постепенно она переходит в любовь к своей родине — к её истории, её прошлому и настоящему, а затем ко всему человечеству, к человеческой культуре.

Человек живёт в определённой окружающей среде. Загрязнение окружающей среды делает человека больным, угрожает его жизни, жизни всего человечества. Всем известно, что учёные проводят большую работу, чтобы спасти от загрязнения животный и растительный мир нашей планеты. Люди тратят миллиарды долларов не только на то, чтобы не погибнуть, но и на то, чтобы сохранить окружающую нас природу, которая даёт людям возможность эстетического и нравственного отдыха.

Но экологию нельзя ограничивать только задачами сохранения природной биологической среды. Для жизни человека большую роль играет культурная среда, которую создали его предки. Сохранение культурной среды — задача не менее важная, чем сохранение окружающей природы. Если природа необходима человеку для его биологической жизни, то культурная среда также необходима для его духовной, нравственной жизни. Культурная среда делает человека человеком. Он должен любить и беречь культурную среду. Несмотря на то что за последнее время в мировой литературе появилось много исследований, авторы которых изучают такой феномен, как культурная среда, вопрос о нравственной экологии не изучался на государственном уровне, он даже не изучался учёными как жизненно важный вопрос для человека. Учёные исследуют только отдельные виды культуры, в основном наследие (остатки) культурного прошлого, вопросы реставрации памятников культуры и их сохранение. Не изучается нравственное значение культуры и влияние культурной среды на человека, хотя факт воспитательного влияния на человека его культурной среды ни у кого не вызывает сомнений.

Человек воспитывается в определённой культурной среде, которая сложилась на протяжении многих веков. История открывает людям окно в мир. Подумайте сами. Жить там, где жили великие поэты, писатели, художники, философы, композиторы, посещать музеи и театры, видеть памятники старины — значит постоянно обогащаться духовно. Таким образом, культурная среда — это очень широкое понятие: это и дом человека, и город, в котором он живёт. Это и музеи, которые он посещает, и музыка, которую он слушает. Литература, религия, философия, живопись, архитектура, скульптура — всё это культура, или культурная среда.

Улицы, площади, дома, парки напоминают нам о прошлом, об истории, о прекрасном.

Все замечательные произведения прошлого, в которые наши предки вложили свой талант и свою любовь, влияют на каждого человека, воспитывают его. Они помогают людям уважать своих предков, любить родную историю и культуру своего народа, мировую культуру.

Если человек не любит старые улицы, старые дома, значит, у него нет любви к своему городу. Если человек равнодушен ко всему, что составляет его жизнь, он, как правило, равнодушен и к своей стране.

В любом обществе у людей должны быть определённые главные нравственные принципы. Например, многие люди считают, что самым главным в их жизни должна быть хорошая семья, что люди должны быть честными, трудолюбивыми и заниматься благотворительностью, то есть помогать друг другу, особенно старым, больным и бедным людям. Эти принципы являются основными, потому что от них образуются все другие ценности в культуре людей. Родители передают их своим детям, их пропагандируют государство, школы, университеты, церковь.

В настоящее время учёные во всём мире, занимающиеся проблемами экологии, беспокоятся об экологическом состоянии планеты Земля. Если в ближайшее время не будут приняты срочные меры, наша планета будет в критическом положении.

Итак, в экологии есть два раздела: экология биологическая и экология культурная. Убить человека биологически может нарушение законов биологической экологии. Убить человека нравственно может нарушение законов культурной экологии. И нет между ними границы, как нет точной границы между природой и культурой. Поэтому защита и сохранение культурной среды в XXI веке являются важнейшими задачами экологии культуры.

Задание 2. **Вы недавно приехали в Москву, чтобы учиться в российском университете. Напишите письмо своим родителям, расскажите в нём о своей жизни и учёбе в Москве.**
Ваше письмо должно содержать не менее 20 предложений.

Субтест 5
ГОВОРЕНИЕ

Инструкция к выполнению теста

Время выполнения теста — 50 минут.

Тест состоит из 4 заданий (13 позиций).

При выполнении задания 3 можно пользоваться словарём.

Ваши ответы записываются на плёнку.

Инструкция к выполнению задания 1
(позиции 1–5)

Время выполнения задания — до 5 минут.

Задание выполняется без предварительной подготовки.

Вам нужно принять участие в диалогах. Вы слушаете реплику тестирующего преподавателя и даёте ответную реплику. Если вы не успеете дать ответ, не задерживайтесь, слушайте следующую реплику.

Помните, что вы должны дать полный ответ (ответы «да», «нет», «не знаю» не являются полными).

Задание 1 (позиции 1–5). **Примите участие в диалогах. Ответьте на реплики собеседника.**

1. — Настя, вы ходили в магазин. Что вы купили в магазине?

— … .

2. — Аня, скоро воскресенье. Что ты будешь делать в воскресенье?

— … .

3. — Сегодня вы очень весёлый. Скажите, почему?

— … .

4. — Настя, я не знаю, какой сувенир привезти подруге (другу) из Москвы. Посоветуй мне, пожалуйста.

— … .

5. — Девушка, вы не скажете, где находится аптека?

— ... .

Инструкция к выполнению задания 2
(позиции 6–10)

Время выполнения задания — до 8 минут.

Задание выполняется без предварительной подготовки.

Вам нужно принять участие в 5 диалогах. Вы знакомитесь с ситуацией и после этого начинаете диалог, чтобы решить поставленную задачу. Если одна из ситуаций покажется вам трудной, переходите к следующей ситуации.

Задание 2 (позиции 6–10). **Познакомьтесь с описанием ситуации. Начните диалог.**

6. У вашей бабушки скоро день рождения. Она пригласила гостей. Вы хотите помочь ей. Спросите бабушку, что нужно купить на рынке. Она будет готовить стол на 10 человек.

7. Ваш брат (ваша сестра) лежит в больнице. Позвоните туда и спросите о его (её) здоровье.

8. Вы в незнакомом городе. Вам нужно поменять деньги. Спросите у полицейского, где находится банк.

9. Вы приехали в Москву изучать русский язык. Ваша новая преподавательница говорит по-английски. Спросите её, где и сколько времени она изучала английский язык.

10. Вы хотите купить 2 билета в кино. Спросите у кассира в кинотеатре, когда начинается фильм, сколько стоит билет.

Инструкция к выполнению задания 3
(позиции 11, 12)

Время выполнения задания — до 25 минут (15 минут — подготовка, 10 минут — ответ). При подготовке задания можно пользоваться словарём.

***Задание 3 (позиции 11, 12).* Прочитайте рассказ об одном случае из жизни известного композитора Микаэла Таривердиева. Кратко передайте его содержание.**

Однажды в телевизионной программе известный композитор Микаэл Таривердиев рассказал интересный случай из своей жизни. Это случилось в Москве, сразу после Великой Отечественной войны. В то время людям жить было очень трудно.

Микаэл был молодым. Он мечтал поступить в университет, получить высшее образование и начать работать. Молодой человек очень любил музыку и поступил в консерваторию. Особенно юноше нравилось самому сочинять музыку.

Молодой человек жил в общежитии в Москве. В его комнате жили ещё семь студентов, которые также учились в консерватории. У них был только один рояль на восемь человек.

Микаэл получал очень маленькую стипендию и тратил почти все деньги на нотную бумагу и на еду. Особенно трудно было зимой. У Микаэла не было тёплой зимней одежды: шапки, обуви, пальто, и поэтому на улице ему всегда было очень холодно.

Консерватория, в которой учился Микаэл, находилась в центре Москвы, а общежитие — на другом конце города. Сначала юноша ехал на занятия на метро, а потом быстро-быстро шёл в консерваторию пешком. По дороге Микаэл заходил в магазин или в кафе, но не потому, что хотел что-то купить, выпить чай или кофе, а потому, что хотел побыть несколько минут в тепле, чтобы погреться.

Вот что произошло однажды. Это было зимой. Температура воздуха была –25...–30 градусов. Микаэл, как всегда, зашёл в магазин погреться. Когда он стоял у окна, он увидел незнакомого мужчину, который внимательно смотрел на него.

Неожиданно этот мужчина подошёл к нему и спросил:

— Молодой человек, извините, вы студент?

— Студент, — ответил Микаэл.

— Знаете что, — продолжал незнакомец, — я хочу дать вам или, лучше сказать, подарить вам тысячу рублей.

— Как? Почему? — удивился Микаэл. — Разве вы знаете меня?

— Нет, я не знаю вас, — ответил незнакомец, — но я видел вас здесь уже несколько раз и понял, что вы, наверное, студент и что вам сейчас трудно жить. У меня есть деньги, и я могу подарить вам тысячу рублей. Несколько лет назад я сам был студентом и жил очень бедно. Один добрый незнакомый человек дал мне тысячу рублей, которые очень помогли мне. Но он очень просил, чтобы, когда у меня будут деньги, я сделал так же, как он. Поэтому я дарю вам деньги, но при одном условии: пообещайте мне, что когда вы будете работать и у вас появятся деньги, вы, как и я, подарите их бедному студенту.

Микаэл взял деньги и поблагодарил незнакомца. Он очень обрадовался. Тысяча рублей для него была огромная сумма. Он почувствовал себя миллионером.

Молодой человек сразу пошёл в большой магазин и купил себе тёплую одежду: пальто за 250 рублей и тёплую шапку за 100 рублей. Остальные деньги он оставил на продукты для себя и своих друзей.

Прошло 10 лет. Микаэл Таривердиев давно уже закончил консерваторию. Он стал известным композитором. О своём обещании вернуть деньги он никогда не забывал. И вот однажды, когда он получил за работу много денег, композитор решил вернуть свой долг.

Он пошёл в центр Москвы и долго стоял недалеко от гостиницы «Москва». Он внимательно смотрел вокруг. Вдруг он увидел незнакомого юношу и понял, что это тот человек, которого он искал. Микаэл подошёл к нему и спросил:

— Скажите, пожалуйста, вы студент?

— Студент, — ответил молодой человек.

— Знаете, я хочу дать вам, а лучше сказать, подарить деньги.

— Как? Почему? — удивился юноша.

И Микаэл Таривердиев повторил ему историю, с которой вы только что познакомились.

11. Сформулируйте основную идею текста.

12. Выразите своё отношение к данной идее.

Инструкция к выполнению задания 4
(позиция 13)

Время выполнения задания — до 20 минут (10 минут — подготовка, до 10 минут — ответ).

Вы должны подготовить сообщение на предложенную тему.

Вы можете составить план сообщения, но не должны читать своё сообщение.

Задание 4 (позиция 13). **Вы студент российского университета. Корреспондент газеты «Дружба» решил взять у вас интервью для газеты. Расскажите ему о себе, о своей семье и об учёбе в университете. В вашем рассказе должно быть не менее 20 фраз.**

Рабочие матрицы

ЛЕКСИКА. ГРАММАТИКА

МАКСИМАЛЬНОЕ КОЛИЧЕСТВО БАЛЛОВ ЗА ТЕСТ — 165

Имя, фамилия	Страна	Дата

ЧАСТЬ I			
1	А	Б	В	Г
2	А	Б	В	Г
3	А	Б	В	Г
4	А	Б	В	Г
5	А	Б	В	Г
6	А	Б	В	Г
7	А	Б	В	Г
8	А	Б	В	Г
9	А	Б	В	Г
10	А	Б	В	Г
11	А	Б	В	Г
12	А	Б	В	Г
13	А	Б	В	Г
14	А	Б	В	Г
15	А	Б	В	Г
16	А	Б	В	Г
17	А	Б	В	Г

18	А	Б	В	Г
19	А	Б	В	Г
20	А	Б	В	Г
21	А	Б	В	Г
ЧАСТЬ II				
22	А	Б	В	Г
23	А	Б	В	Г
24	А	Б	В	Г
25	А	Б	В	Г
26	А	Б	В	Г
27	А	Б	В	Г
28	А	Б	В	Г
29	А	Б	В	Г
30	А	Б	В	Г
31	А	Б	В	Г
32	А	Б	В	Г
33	А	Б	В	Г
34	А	Б	В	Г

35	А	Б	В	Г
36	А	Б	В	Г
37	А	Б	В	Г
38	А	Б	В	Г
39	А	Б	В	Г
40	А	Б	В	Г
41	А	Б	В	Г
42	А	Б	В	Г
43	А	Б	В	Г
44	А	Б	В	Г
45	А	Б	В	Г
46	А	Б	В	Г
47	А	Б	В	Г
48	А	Б	В	Г
49	А	Б	В	Г
50	А	Б	В	Г
51	А	Б	В	Г
52	А	Б	В	Г
53	А	Б	В	Г
54	А	Б	В	Г
55	А	Б	В	Г
56	А	Б	В	Г
57	А	Б	В	Г
58	А	Б	В	Г

59	А	Б	В	Г
60	А	Б	В	Г
61	А	Б	В	Г
62	А	Б	В	Г
63	А	Б	В	Г
64	А	Б	В	Г
65	А	Б	В	Г
66	А	Б	В	Г
67	А	Б	В	Г
68	А	Б	В	Г
69	А	Б	В	Г
70	А	Б	В	Г
71	А	Б	В	Г
72	А	Б	В	Г
73	А	Б	В	Г
74	А	Б	В	Г
75	А	Б	В	Г
76	А	Б	В	Г
77	А	Б	В	Г
ЧАСТЬ III				
78	А	Б	В	Г
79	А	Б	В	Г
80	А	Б	В	Г
81	А	Б	В	Г

82	А	Б	В	Г
83	А	Б	В	Г
84	А	Б	В	Г
85	А	Б	В	Г
86	А	Б	В	Г
87	А	Б	В	Г
88	А	Б	В	Г
89	А	Б	В	Г
90	А	Б	В	Г
91	А	Б	В	Г
92	А	Б	В	Г
93	А	Б	В	Г
94	А	Б	В	Г
95	А	Б	В	Г
96	А	Б	В	Г
97	А	Б	В	Г
98	А	Б	В	Г
99	А	Б	В	Г
100	А	Б	В	Г
101	А	Б	В	Г
102	А	Б	В	Г
103	А	Б	В	Г
104	А	Б	В	Г
105	А	Б	В	Г

106	А	Б	В	Г
107	А	Б	В	Г
108	А	Б	В	Г
109	А	Б	В	Г
110	А	Б	В	Г
111	А	Б	В	Г
112	А	Б	В	Г
113	А	Б	В	Г
114	А	Б	В	Г
115	А	Б	В	Г
116	А	Б	В	Г
117	А	Б	В	Г
118	А	Б	В	Г
119	А	Б	В	Г
120	А	Б	В	Г
121	А	Б	В	Г
122	А	Б	В	Г
123	А	Б	В	Г
124	А	Б	В	Г
125	А	Б	В	Г
126	А	Б	В	Г
127	А	Б	В	Г
128	А	Б	В	Г
129	А	Б	В	Г

ЧАСТЬ IV			
130	А	Б	В	Г
131	А	Б	В	Г
132	А	Б	В	Г
133	А	Б	В	Г
134	А	Б	В	Г
135	А	Б	В	Г
136	А	Б	В	Г
137	А	Б	В	Г
138	А	Б	В	Г
139	А	Б	В	Г
140	А	Б	В	Г
141	А	Б	В	Г
142	А	Б	В	Г
143	А	Б	В	Г
144	А	Б	В	Г
145	А	Б	В	Г
146	А	Б	В	Г
147	А	Б	В	Г
148	А	Б	В	Г
149	А	Б	В	Г
150	А	Б	В	Г
151	А	Б	В	Г
152	А	Б	В	Г

153	А	Б	В	Г
154	А	Б	В	Г
155	А	Б	В	Г
156	А	Б	В	Г
157	А	Б	В	Г
158	А	Б	В	Г
159	А	Б	В	Г
160	А	Б	В	Г
161	А	Б	В	Г
162	А	Б	В	Г
163	А	Б	В	Г
164	А	Б	В	Г
165	А	Б	В	Г

ЧТЕНИЕ

МАКСИМАЛЬНОЕ КОЛИЧЕСТВО БАЛЛОВ ЗА ТЕСТ — 140

Имя, фамилия   Страна   Дата

1	А	Б	В
2	А	Б	В
3	А	Б	В
4	А	Б	В
5	А	Б	В
6	А	Б	В
7	А	Б	В
8	А	Б	В
9	А	Б	В
10	А	Б	В
11	А	Б	В
12	А	Б	В
13	А	Б	В
14	А	Б	В
15	А	Б	В
16	А	Б	В
17	А	Б	В
18	А	Б	В
19	А	Б	В
20	А	Б	В

АУДИРОВАНИЕ

МАКСИМАЛЬНОЕ КОЛИЧЕСТВО БАЛЛОВ ЗА ТЕСТ — 120

Имя, фамилия   Страна   Дата

1	А	Б	В		16	А	Б	В
2	А	Б	В		17	А	Б	В
3	А	Б	В		18	А	Б	В
4	А	Б	В		19	А	Б	В
5	А	Б	В		20	А	Б	В
6	А	Б	В		21	А	Б	В
7	А	Б	В		22	А	Б	В
8	А	Б	В		23	А	Б	В
9	А	Б	В		24	А	Б	В
10	А	Б	В		25	А	Б	В
11	А	Б	В		26	А	Б	В
12	А	Б	В		27	А	Б	В
13	А	Б	В		28	А	Б	В
14	А	Б	В		29	А	Б	В
15	А	Б	В		30	А	Б	В

Контрольные матрицы

ЛЕКСИКА. ГРАММАТИКА

МАКСИМАЛЬНОЕ КОЛИЧЕСТВО БАЛЛОВ ЗА ТЕСТ — 165

ЧАСТЬ I			
1	А	**Б**	В	Г
2	А	Б	**В**	Г
3	А	**Б**	В	Г
4	А	Б	**В**	Г
5	А	**Б**	В	Г
6	А	Б	**В**	Г
7	**А**	Б	В	Г
8	**А**	Б	В	Г
9	А	Б	**В**	Г
10	**А**	Б	В	Г
11	А	Б	**В**	Г
12	А	**Б**	В	Г
13	А	**Б**	В	Г
14	А	**Б**	В	Г
15	**А**	Б	В	Г
16	А	**Б**	В	Г
17	А	**Б**	В	Г

18	**А**	Б	В	Г
19	**А**	Б	В	Г
20	**А**	Б	В	Г
21	А	**Б**	В	Г
ЧАСТЬ II			
22	**А**	Б	**В**	Г
23	**А**	**Б**	В	Г
24	А	**Б**	**В**	Г
25	**А**	Б	**В**	Г
26	А	Б	**В**	Г
27	А	Б	В	**Г**
28	А	Б	В	**Г**
29	А	**Б**	В	Г
30	**А**	Б	В	Г
31	А	Б	**В**	Г
32	**А**	Б	В	Г
33	А	**Б**	В	Г
34	А	Б	**В**	Г

35	**А**	Б	В	Г
36	А	**Б**	В	Г
37	А	Б	В	**Г**
38	А	Б	В	**Г**
39	А	**Б**	В	Г
40	А	Б	**В**	Г
41	А	**Б**	В	Г
42	А	**Б**	В	Г
43	А	Б	**В**	Г
44	А	Б	В	**Г**
45	А	**Б**	В	Г
46	А	Б	**В**	Г
47	А	Б	**В**	Г
48	**А**	Б	В	Г
49	А	Б	**В**	Г
50	А	**Б**	В	Г
51	А	Б	В	**Г**
52	А	Б	**В**	Г
53	**А**	Б	В	Г
54	А	Б	В	**Г**
55	**А**	Б	В	Г
56	А	Б	**В**	Г
57	А	Б	**В**	Г
58	А	**Б**	В	Г

59	**А**	Б	В	Г
60	А	Б	**В**	Г
61	А	Б	В	**Г**
62	А	Б	**В**	Г
63	**А**	Б	В	Г
64	А	**Б**	В	Г
65	А	Б	**В**	Г
66	А	**Б**	В	Г
67	А	Б	**В**	Г
68	А	Б	В	**Г**
69	А	**Б**	В	Г
70	**А**	Б	В	Г
71	А	**Б**	В	Г
72	А	**Б**	В	Г
73	А	**Б**	В	Г
74	А	Б	В	**Г**
75	А	Б	**В**	Г
76	А	**Б**	В	Г
77	А	Б	В	**Г**

ЧАСТЬ III

78	А	**Б**	В	Г
79	А	Б	**В**	Г
80	А	**Б**	В	Г
81	А	**Б**	В	Г

82	А	**Б**	В	Г
83	**А**	Б	В	Г
84	А	Б	**В**	Г
85	**А**	Б	В	Г
86	А	**Б**	В	Г
87	А	**Б**	В	Г
88	А	**Б**	В	Г
89	А	Б	**В**	Г
90	**А**	Б	В	Г
91	А	**Б**	В	Г
92	А	**Б**	В	Г
93	А	**Б**	В	Г
94	А	Б	**В**	Г
95	А	Б	**В**	Г
96	А	**Б**	В	Г
97	**А**	Б	В	Г
98	**А**	Б	В	Г
99	А	**Б**	В	Г
100	**А**	Б	В	Г
101	**А**	Б	В	Г
102	А	**Б**	В	Г
103	**А**	Б	В	Г
104	А	**Б**	В	Г
105	**А**	Б	В	Г

106	**А**	Б	В	Г
107	А	**Б**	В	Г
108	**А**	Б	В	Г
109	А	**Б**	В	Г
110	**А**	Б	В	Г
111	А	**Б**	В	Г
112	**А**	Б	В	Г
113	А	**Б**	В	Г
114	**А**	Б	В	Г
115	А	**Б**	В	Г
116	А	Б	**В**	Г
117	А	Б	В	**Г**
118	А	**Б**	В	Г
119	А	**Б**	В	Г
120	А	Б	В	**Г**
121	**А**	Б	В	Г
122	А	Б	В	**Г**
123	**А**	Б	В	Г
124	А	Б	**В**	Г
125	А	Б	**В**	Г
126	А	**Б**	В	Г
127	**А**	Б	В	Г
128	А	**Б**	В	Г
129	А	Б	**В**	Г

ЧАСТЬ IV			
130	А	Б	**В**	Г
131	А	Б	**В**	Г
132	А	**Б**	В	Г
133	А	**Б**	В	Г
134	**А**	Б	В	Г
135	А	**Б**	В	Г
136	А	**Б**	В	Г
137	А	**Б**	В	Г
138	**А**	Б	В	Г
139	**А**	Б	В	Г
140	А	**Б**	В	Г
141	**А**	Б	В	Г
142	А	**Б**	В	Г
143	А	Б	**В**	Г
144	А	Б	**В**	Г
145	**А**	Б	В	Г
146	**А**	Б	В	Г
147	А	Б	**В**	Г
148	А	**Б**	В	Г
149	А	Б	**В**	Г
150	А	Б	**В**	Г
151	А	**Б**	В	Г
152	А	Б	**В**	Г

153	А	**Б**	В	Г
154	**А**	Б	В	Г
155	А	Б	**В**	Г
156	А	**Б**	В	Г
157	А	**Б**	В	Г
158	А	Б	**В**	Г
159	А	**Б**	В	Г
160	А	Б	**В**	Г
161	А	**Б**	В	Г
162	А	Б	**В**	Г
163	А	**Б**	В	Г
164	**А**	Б	В	Г
165	**А**	Б	В	Г

ЧТЕНИЕ

МАКСИМАЛЬНОЕ КОЛИЧЕСТВО БАЛЛОВ ЗА ТЕСТ — 140

1	А	**Б**	В
2	А	**Б**	В
3	А	Б	**В**
4	А	**Б**	В
5	А	**Б**	В
6	**А**	Б	В
7	А	Б	**В**
8	А	Б	**В**
9	А	**Б**	В
10	**А**	Б	В
11	А	Б	**В**
12	А	**Б**	В
13	А	Б	**В**
14	**А**	Б	В
15	А	Б	**В**
16	**А**	Б	В
17	А	**Б**	В
18	**А**	Б	В
19	А	Б	**В**
20	А	**Б**	В

АУДИРОВАНИЕ

МАКСИМАЛЬНОЕ КОЛИЧЕСТВО БАЛЛОВ ЗА ТЕСТ — 120

1	**А**	Б	В		16	**А**	Б	В
2	А	Б	**В**		17	А	**Б**	В
3	А	**Б**	В		18	А	Б	**В**
4	А	**Б**	В		19	А	Б	**В**
5	**А**	Б	В		20	А	Б	**В**
6	**А**	Б	В		21	А	Б	**В**
7	А	Б	**В**		22	А	Б	**В**
8	А	Б	**В**		23	**А**	Б	В
9	А	**Б**	В		24	А	Б	**В**
10	А	Б	**В**		25	А	**Б**	В
11	А	**Б**	В		26	А	**Б**	В
12	А	Б	**В**		27	**А**	Б	В
13	**А**	Б	В		28	А	Б	**В**
14	А	Б	**В**		29	А	Б	**В**
15	А	**Б**	В		30	**А**	Б	В

Практикум к субтесту 4
ПИСЬМО

На каждый вопрос предлагается исчерпывающий ответ. За тестирующим остаётся право выбрать фразы, наиболее соответствующие, по его мнению, содержанию вопроса.

Задание 1. **Вас интересуют две проблемы: защита природы и сохранение культуры. Прочитайте текст и изложите письменно свою точку зрения по следующим вопросам:**

Первый вариант ответа

1. В какой обстановке живёт современный человек?

Современный человек живёт в сложной обстановке. Загрязнённая окружающая среда угрожает жизни людей. Люди стали часто болеть. Загрязнение окружающей среды опасно также животному и растительному миру.

2. На какие разделы делится экология?

Экология делится на экологию биологическую и экологию культурную. Между ними нет границы, потому что существует тесная связь между природой и культурой. Природа нужна людям для биологической жизни, а культура — для нравственной, духовной жизни. Для существования человечества важно не нарушать законы биологической и культурной экологии.

3. Что значит понятие «культурная среда»?

Культурная среда — это очень широкое понятие. Это место, где человек родился и живёт (дом, город, страна). Конечно, это музеи, театры, памятники старины и архитектуры, произведения великих поэтов, писателей, музыкантов, художников и философов. Основные ценности человеческого общества тоже относятся к культурной среде. Например, большинство людей считает, что главное в их жизни — быть честными, трудолюбивы-

ми, иметь хорошую семью и помогать старым, бедным и больным людям.

4. Как воспитать бережное отношение к культурной среде?

Культурная среда делает человека человеком. Она постоянно воспитывает его. Очень важно с детских лет воспитывать у детей любовь к родной стране, к родной культуре и к родному языку, потому что человек должен любить свою семью, свой дом, свою страну. Человек должен знать и уважать историю своей страны, её прошлое и настоящее. Он должен уважать людей другой национальности, их религию, традиции, культуру. Посещение музеев и театров, слушание музыки, знакомство с памятниками культуры и старины, знакомство с различными религиями — всё это духовно обогащает и воспитывает людей.

5. Объясните, почему, с вашей точки зрения, защита и сохранение культурной среды являются важнейшими задачами экологии культуры?

Культурная среда необходима каждому человеку для его духовного и нравственного развития, потому что культурная среда делает человека человеком. Важно сохранять культурное наследие человечества во всём мире, потому что это обогащает людей духовно. Необходимо сохранять и реставрировать многочисленные памятники культуры во всём мире. Важно изучать великие и прекрасные произведения прошлого: читать литературу, слушать музыку, смотреть картины больших художников, которые, безусловно, влияют на жизнь каждого человека, воспитывают его, учат уважению к своим предкам, любви к родной стране, её истории и культуре своего народа. Вот почему я считаю, что защита и сохранение культурной среды являются важнейшими задачами экологии культуры.

Второй вариант ответа

1. В какой обстановке живёт современный человек?

Нашу планету нужно спасать от загрязнения окружающей среды. Здоровью людей угрожает плохая экологическая обста-

новка. *Люди часто болеют. В опасности жизнь растительного и животного мира.*

2. На какие разделы делится экология?

Существует два раздела экологии: экология биологическая и экология культурная. Между ними нет точной границы. Сохраняя природную биологическую среду, человек сохраняет окружающую его природу, которая находится в опасности из-за постоянного загрязнения. Учёные считают, что для человечества важно не только сохранение природной биологической среды, но и его духовное, нравственное воспитание с помощью культурной экологии.

3. Что значит понятие «культурная среда»?

Культурная среда — жизненно важное понятие для современного человека, поэтому необходимо её сохранять. Это и дом, где человек родился и вырос, и город, в котором он живёт. Это и культурные памятники прошлого, и музеи, которые посещает современный человек. Это и многочисленные прекрасные произведения искусства прошлого, созданные великими поэтами, писателями, художниками, философами и религиозными деятелями.

4. Как воспитать бережное отношение к культурной среде?

Система воспитания на современном этапе — это не только образование людей, но и их духовная, нравственная жизнь. Поэтому уже с ранних лет важно воспитывать бережное отношение к культурной среде, в которой растёт и развивается ребёнок. Современный человек должен хорошо знать историю своей страны и своего народа, изучать прекрасные произведения великих писателей, музыкантов, художников, с уважением относиться к своим предкам и любить свою родину.

5. Объясните, почему, с вашей точки зрения, защита и сохранение культурной среды являются важнейшими задачами экологии культуры?

С моей точки зрения, каждый человек должен думать о защите и сохранении культурной среды, потому что именно культурная среда делает человека человеком. Культурное наследие прошлого обогащает жизнь людей. Культурная среда должна быть сохранена для следующих поколений, так как она воспитывает и учит современных людей уважению к своим предкам, любви к родной стране, родной истории и культуре. Я думаю, что каждый человек в любой стране должен не только думать о защите культурной среды, но и что-то делать для этого, например выступать с сообщениями на различных конференциях, посвященных проблемам нравственной экологии. Родители, бабушки и дедушки должны уже в детстве рассказывать своим детям и внукам об историческом прошлом своей родины, читать им произведения великих писателей и поэтов, водить их в музеи, театры.

Задание 2. Вы недавно приехали в Москву, чтобы учиться в российском университете. Напишите письмо своим родителям, расскажите в нём о своей жизни и учёбе в Москве.

Первый вариант ответа

Дорогие мама и папа! Две недели назад я прилетел в Москву. Долетел нормально. В аэропорту меня встретили мои друзья, которые уже окончили подготовительный факультет университета и учатся сейчас на первом курсе. Три дня назад у меня начались занятия по русскому языку. Я уже познакомился со студентами, с которыми буду учиться в одной группе. Они приехали из разных стран: две студентки из Китая, два студента из Афганистана и четыре студента из Нигерии. Мне кажется, что у нас хорошая преподавательница русского языка. В деканате нам сказали, что мы будем заниматься русским языком каждый день по шесть часов и у нас будет только один выходной — воскресенье. В здании университета есть небольшое уютное кафе. Обычно студенты обедают там днём, после того как закончатся лекции.

Я живу в общежитии с одним студентом, который приехал из Индии. Он учится в нашем университете на медицинском факультете, на втором курсе. Он уже хорошо говорит по-русски, поэтому помогает мне делать домашнее задание. Надеюсь, что через год я буду говорить по-русски так же хорошо, как мой сосед.

В Москве сейчас осень. На улице очень тепло и красиво. В свободное время я часто гуляю по Москве. Уже несколько раз ездил в центр, видел Красную площадь и Кремль. Как дела у вас? Желаю вам здоровья! Жду ответа.

Ваш сын

Второй вариант ответа

Дорогие родители, здравствуйте! Неделю назад я прилетела в Москву и уже начала учиться в университете. Я поступила, как и хотела, в магистратуру на филологический факультет.

Группа у нас небольшая, только шесть студентов-магистрантов. Они все приехали из разных стран: из Китая, из Южной Кореи, из Анголы и из Бразилии. Все студенты неплохо говорят по-русски, потому что они изучали русский язык у себя на родине. Ещё в нашей группе есть русская студентка. Она окончила бакалавриат Российского университета дружбы народов и поступила в магистратуру университета.

Мы ходим на лекции, у нас есть практические занятия по русскому языку, а также семинары. Мне нравятся наши преподаватели, так как они очень опытные и хорошо знают свой предмет.

Я живу в общежитии. Моя соседка русская. Это очень хорошо, потому что в комнате мы говорим только по-русски. В свободное время я хожу в библиотеку, читаю русские книги, гуляю, а по вечерам смотрю телевизор.

В Москве уже не жарко, иногда идёт дождь, но ещё не холодно. Конечно, я скучаю. Желаю вам, мои родители, здоровья, успехов во всём! Передайте привет бабушке и дедушке, а также моим друзьям! Целую вас.

Ваша дочь

Практикум к субтесту 5
ГОВОРЕНИЕ

Задание 1 (позиции 1–5). Примите участие в диалогах. Ответьте на реплики собеседника.

1.

Первый вариант ответа

— Настя, вы ходили в магазин. Что вы купили в магазине?
— Я купила овощи и фрукты.
— Какие фрукты?
— Груши, персики и один ананас.
— Ананас дорогой?
— Да, дорогой, 200 рублей.
— Вы уже попробовали ананас? Он сладкий?
— Да, очень сладкий и вкусный.

Второй вариант ответа

— Настя, вы ходили в магазин. Что вы купили в магазине?
— Я купила мясо и рыбу.
— Какую рыбу, морскую или речную, вы купили?
— Я купила морскую рыбу.
— Дорогая рыба?
— Да. 250 рублей за килограмм.

2.

Первый вариант ответа

— Аня, скоро воскресенье. Что ты будешь делать в воскресенье?
— Если будет хорошая погода, то я поеду на дачу.
— А где находится дача?
— Не очень далеко.
— Сколько километров от Москвы?
— 30 километров.
— Да, для Москвы это недалеко.

Второй вариант ответа

— Аня, скоро воскресенье. Что ты будешь делать в воскресенье?

— В воскресенье я хочу пойти поплавать в бассейн.

— Ты хорошо плаваешь?

— Да, неплохо.

— А где ты научилась плавать?

— В детстве я жила в городе, который находился на берегу моря. Летом каждый день мы с друзьями плавали в море.

3.

Первый вариант ответа

— Сегодня вы очень весёлый. Скажите почему?

— Да, сегодня у меня прекрасное настроение, потому что вчера из Сеула в Москву прилетел мой лучший друг.

— Зачем он прилетел в Москву?

— Он будет учиться на курсах русского языка.

— Сколько времени он будет учиться на курсах?

— Думаю, что полгода или немного больше.

Второй вариант ответа

— Сегодня вы очень весёлый. Скажите почему?

— Вы правы, у меня хорошее настроение, потому что началась весна. Весна — моё самое любимое время года. А какое время года любите вы?

— Мне нравится зима.

— Зима! Но зимой так холодно! Почему вы любите зиму?

— Зимой очень красиво, особенно в лесу.

4.

Первый вариант ответа

— Настя, я не знаю, какой сувенир привезти другу из Москвы. Посоветуй мне, пожалуйста.

— Борам, из Москвы можно привезти много разных сувениров. Например, альбомы картин известных русских художников. Можно подарить диски с русскими народными песнями. Если твой друг любит смотреть русские фильмы, то подарите ему диски с видеофильмами.

— Спасибо, Настя. Я так и сделаю.

Второй вариант ответа

— Настя, я не знаю, какой сувенир привезти подруге из Москвы. Посоветуй мне, пожалуйста.

— Мария, ваша подруга знает русский язык?

— Да, знает немного.

— Я советую купить ей детские книжки с рисунками. Читать их нетрудно, но очень полезно. Ещё можно купить настоящий русский сувенир — матрёшку или самовар.

— А где обычно покупают сувениры?

— Очень хорошие сувениры есть на улице Старый Арбат.

— Спасибо за совет!

— Пожалуйста!

5.

Первый вариант ответа

— Девушка, вы не скажете, где находится аптека?

— Аптека находится рядом с почтой.

— Извините, но я иностранец и не знаю, где почта.

— Почта находится недалеко от станции метро «Университет». До этой станции метро вы можете доехать на автобусе №35 или дойти пешком минут за 15.

— Спасибо.

— Не стоит.

Второй вариант ответа

— Девушка, вы не скажете, где находится аптека?

— Аптека находится недалеко отсюда, но уже поздно, аптека закрыта.

— Что же мне делать?

— Советую вам поехать в центр.

— Но я иностранец и не знаю, как туда добраться.

— Вам нужно проехать одну станцию на метро или три остановки на автобусе.

— Благодарю вас.

— Пожалуйста.

Задание 2 (позиции 6–10). Познакомьтесь с описанием ситуации. Начните диалог.

6. У вашей бабушки скоро день рождения. Она пригласила гостей. Вы хотите помочь ей. Спросите бабушку, что нужно купить на рынке. Она будет готовить стол на 10 человек.

Первый вариант ответа

— Доброе утро, бабушка!

— Доброе утро, внучка!

— Бабушка, завтра твой день рождения, и ты пригласила много гостей. Я хочу помочь тебе купить продукты на рынке.

— Большое тебе спасибо.

— А что нужно купить?

— Купи, пожалуйста, 1 килограмм мяса, овощи, фрукты и, конечно, торт к чаю.

— Хорошо.

Второй вариант ответа

— Бабушка, скоро твой день рождения, и ты пригласила много гостей. Как я могу помочь тебе?

— Пожалуйста, сходи в магазин и купи сыр, колбасу, фрукты, овощи, конфеты и торт.

— Ты не хочешь приготовить рыбу? Я так её люблю. Давай я куплю рыбу.

— Рыбу я уже приготовила.

7. Ваш брат (ваша сестра) лежит в больнице. Позвоните туда и спросите о его (её) здоровье.

Первый вариант ответа

— Доброе утро, девушка. Могу я узнать, как себя чувствует мой брат после операции?

— Как его зовут?

— Петров Сергей Михайлович. Он лежит в палате № 15.

— Состояние удовлетворительное. Температура 37,2 °C (37 и 2).

— Большое спасибо!

Второй вариант ответа

— Алло, это больница?

— Да. Я вас слушаю.

— Вчера мою сестру привезли к вам в больницу. У неё очень сильно болел живот и была высокая температура. Скажите, пожалуйста, как она чувствует себя сегодня?

— Её имя и фамилия?

— Елена Сорокина.

— У вашей сестры аппендицит. Сегодня днём хирург будет делать ей операцию.

— А когда я могу навестить её?

— Вы можете прийти сегодня вечером, с 4 до 6.

— Хорошо, спастбо!

8. Вы в незнакомом городе, в аэропорту. Вам нужно поменять деньги. Спросите у полицейского, где находится банк.

Первый вариант ответа

— Здравствуйте, господин полицейский. Я только что прилетела из Парижа, и мне нужно срочно поменять деньги. Скажите, пожалуйста, где находится банк?

— В зале прилёта есть обменный пункт.

— А где он?

— Идите прямо, потом направо, и вы увидите обменный пункт.

— Большое спасибо.

Второй вариант ответа

— Извините, скажите, пожалуйста, где находится банк?

— К сожалению, уже поздно и банк не работает.

— А где я могу поменять деньги? Может быть, здесь есть обменный пункт, который работает круглосуточно?

— Да, вот там супермаркет, там есть обменный пункт.

— Большое спасибо!

— Не стоит.

9. Вы приехали в Москву изучать русский язык. Ваша новая преподавательница говорит по-английски. Спросите её, где и сколько времени она изучала английский язык.

Первый вариант ответа

— Мария Петровна, как хорошо вы говорите по-английски! Где вы изучали английский язык?

— В университете.

— А в каком университете вы учились?

— В МГУ.

— А сколько лет вы изучали английский язык?

— Пять лет.

Второй вариант ответа

— Екатерина Андреевна, я слышал, что вы знаете английский язык.

— Да, знаю немного.

— Вы изучали английский язык в России или в Англии?

— Я изучала английский язык в университете в Москве, а потом была на практике в Лондоне.

— Сколько времени вы жили в Лондоне?

— Почти год.

— О-о-о! Я думаю, что вы хорошо знаете английский язык.

10. Вы хотите купить два билета в кино. Спросите у кассира в кинотеатре, когда начинается фильм, сколько стоят билеты.

Первый вариант ответа

— Здравствуйте, девушка! Мне нужно два билета на фильм «Титаник». Скажите, пожалуйста, когда начинается фильм?

— Фильм начинается через 15 минут. Вам какие места?

— Мне нужен седьмой ряд, середина. А сколько стоит билет?

— Один билет стоит 300 рублей.

— Вот деньги. Дайте мне, пожалуйста, два билета.

— Пожалуйста!

Второй вариант ответа

— Добрый день. Скажите, пожалуйста, у вас есть билеты на фильм «Первая любовь» на 9 часов вечера?

— К сожалению, на этот сеанс билетов нет.
— А можно взять билеты на завтра на это время?
— Да, пожалуйста.
— Сколько стоит билет?
— 250 рублей.
— Дайте, пожалуйста, два билета на десятый ряд, места в центре.
— Возьмите, пожалуйста.

Задание 3 (позиции 11, 12). Прочитайте рассказ об одном случае из жизни известного композитора Микаэла Таривердиева. Кратко передайте его содержание.

Первый вариант ответа

Из текста я узнал(а) одну историю из жизни известного композитора Микаэла Таривердиева. Он был студентом и жил очень бедно. Микаэл очень любил музыку, поэтому он поступил в консерваторию. Юноша жил в общежитии и почти все свои деньги тратил на нотную бумагу и на еду. Особенно трудно было зимой, потому что у молодого человека не было тёплой одежды. На улице было очень холодно, а консерватория, в которой учился Микаэл, находилась в центре Москвы, далеко от общежития. Каждый день ему нужно было сначала ехать на занятия на метро, а потом очень быстро идти пешком в консерваторию, потому что на улице было очень холодно. По дороге Микаэл заходил в магазин для того, чтобы побыть несколько минут в тепле.

Однажды зимой, когда Микаэл был в магазине, к нему подошёл незнакомый мужчина и сказал, что хочет подарить ему тысячу рублей. Микаэль очень удивился и спросил, знакомы ли они. Незнакомец ответил, что он уже несколько раз видел Микаэла в этом магазине и уже понял, что он студент и что ему трудно жить. Мужчина рассказал Микаэлу интересную историю. Когда он сам был бедным студентом, один незнакомый человек подарил ему тысячу рублей, которые очень помогли ему. Незнакомец сказал Микаэлу, что он даёт ему деньги только при одном условии: когда он станет богатым человеком, он обязательно должен будет подарить тысячу рублей какому-нибудь бедному студенту.

Микаэл поблагодарил незнакомого мужчину, взял деньги и пошёл в магазин. Там он купил себе тёплую одежду, которая была ему очень нужна.

Через десять лет Микаэл Таривердиев стал известным композитором. И вот однажды, когда он получил много денег, он пошёл в центр Москвы. Там он долго и внимательно смотрел вокруг. Вдруг он увидел одного молодого человека и понял, что он бедный студент, которому нужны деньги. Микаэл подошёл к нему и сказал, что хочет подарить ему деньги. Молодой человек очень удивился и спросил Микаэла, почему он хочет сделать это. И Микаэл Таривердиев рассказал ему историю, которую много лет назад услышал от незнакомца.

Второй вариант ответа

В тексте рассказывается об одном случае из жизни известного русского композитора Микаэла Таривердиева.

После Великой Отечественной войны он жил в Москве. Жизнь была очень трудной. Микаэл поступил в консерваторию, потому что он очень любил музыку. Особенно ему нравилось сочинять музыку. Во время учёбы он жил в общежитии. Вместе с ним в комнате жили ещё семь студентов.

Микаэл получал очень маленькую стипендию и тратил почти все свои деньги на еду и нотную бумагу. Тёплой одежды у него не было, поэтому особенно трудно ему было зимой. Консерватория находилась далеко от общежития, поэтому каждый день молодому человеку нужно было сначала ехать на метро, а потом идти пешком. Зимой нужно было идти пешком очень быстро, потому что было холодно. Часто по дороге Микаэл заходил в магазин или в кафе, чтобы погреться.

Однажды зимой Микаэл встретил в магазине одного мужчину. Мужчина подошёл к нему и начал разговор. Когда незнакомец узнал, что Микаэл — студент, он сказал, что хочет подарить ему деньги. Микаэл очень удивился и спросил мужчину, почему он хочет сделать это, ведь они не знают друг друга. Тогда незнакомец рассказал ему свою историю: когда он был бедным студентом, один добрый незнакомый человек дал ему тысячу рублей, которая очень помогла ему. Незнакомец никогда не забывал об этом и поэтому сейчас, когда у него появились деньги, он тоже решил подарить их бедному студенту. Мужчина дал Микаэлу деньги, но попросил его, когда у него будут свои деньги, подарить их бедному студенту. Микаэл пообещал мужчине сделать это и взял деньги. На эти деньги он купил себе тёплую одежду.

Через десять лет Микаэл стал известным композитором. У него были деньги. И вот однажды он решил вернуть свой долг. Он пошёл в центр и увидел там одного бедного студента. Он подошёл к нему и сказал, что хочет подарить ему деньги. Молодой человек очень удивился и спросил Микаэла, почему он хочет сделать это, ведь они не знают друг друга. И Микаэл Таривердиев повторил ему историю, которая произошла с ним десять лет назад.

11. Сформулируйте основную идею текста.

Первый вариант ответа

Мне кажется, основная идея текста — помощь людей друг другу. Мы все должны помогать друг другу. Старшие должны помогать младшим, богатые — бедным.

Второй вариант ответа

Я считаю, что основная идея текста заключается в том, что нужно не забывать о своих обещаниях и обязательно выполнять их.

12. Выразите своё отношение к данной идее.

Первый вариант ответа

Я считаю, что очень важно помогать друг другу. Микаэл был бедным студентом, которому нужна была помощь. И он встретил человека, который помог ему. Микаэл не забыл о своём обещании, и, когда он стал богатым человеком, он тоже помог бедному студенту. Надеюсь, что студент, которому помог Микаэл, в будущем поможет другому бедному студенту и так далее. Люди должны делать добро и помогать друг другу.

Второй вариант ответа

Мне кажется, что Микаэл — хороший человек, потому что он не забыл о своём обещании. Когда у него появились деньги, он решил вернуть свой долг и подарил деньги другому бедному студенту. Надеюсь, что этот студент тоже не забудет о своём обещании, и, когда у него появятся деньги, он тоже подарит их бедному студенту.

***Задание 4 (позиция 13).* Вы студент российского университета. Корреспондент газеты «Дружба» решил взять у вас интервью для газеты. Расскажите ему о себе, о своей семье и об учёбе в университете.**

Первый вариант ответа

Я хочу рассказать о себе и о своей семье. Меня зовут Жан. Мне 22 года. Я приехал из Франции. Там я жил в Париже вместе с родителями. Париж, как вы знаете, столица Франции. Мои родители работают. Отец — программист, он работает в одной большой французской фирме. Мой папа окончил университет, факультет информатики и программирования. Моя мама работает детским врачом в поликлинике. Она окончила медицинский факультет университета.

Когда я учился в средней школе, я очень любил математику. С раннего детства я увлекался компьютерными играми. Конечно, я с удовольствием занимался и другими предметами, например физикой и химией. Ещё я любил итальянский язык. Как и все французы, я много занимался спортом, но особенно любил играть в шахматы. Вечерами я играл в шахматы с отцом, а днём — на компьютере. Я закончил школу хорошо, потому что всегда занимался очень серьёзно. После школы я поступил в университет. Там я начал изучать русский язык, потому что понимал, что постоянно расширяются экономические, политические и культурные связи между Европой и Россией. Я закончил в Париже три курса факультета информатики и программирования и решил поехать на один год в Россию, в Москву, в Российский университет дружбы народов, для того чтобы лучше выучить русский язык.

Сейчас я начал заниматься русским языком на факультете русского языка в Российском университете дружбы народов. У нас интернациональная группа, и я хочу познакомиться со всеми студентами нашей группы. Кажется, я всё рассказал.

Второй вариант ответа

Я приехала из Китая. Мне 24 года. Меня зовут Сун Хи. Я родилась в большом городе на берегу моря. Этот город называется Вэйхай. Вэйхай — большой курортный город на берегу Жёлтого моря.

Мой отец — моряк. Он плавает на корабле и ловит рыбу. Поэтому он часто не бывает дома. Мама и мы, дети, очень скучаем, когда отца нет дома.

Моя мама — домохозяйка. Она много занимается домашним хозяйством и воспитанием дочери. Она воспитывает мою младшую сестру, которая ещё учится в школе.

В этом году я окончила университет. Я училась на филологическом факультете: изучала русский язык и русскую литературу. Мне очень нравятся произведения известного русского писателя Антона Павловича Чехова. Он писал маленькие, но интересные рассказы. Я люблю читать также его пьесы для театра. И я очень хочу посмотреть чеховские спектакли в московских театрах. Думаю, что здесь, в Москве, я смогу продолжить заниматься музыкой. Я уже много лет играю на гитаре, и я привезла гитару с собой. Вообще я очень люблю музыку и очень хочу ходить здесь, в Москве, на концерты в консерваторию. Я слышала ещё дома, что в Московской консерватории выступают известные музыканты.

После окончания филологического факультета мои родители посоветовали мне поехать в Москву на один год, чтобы получить хорошую языковую практику. Я согласилась и приехала на стажировку в Москву на один год в Московский государственный университет.

Вот мы и познакомились.